사도신경 30일 묵상

사도신경 30일 묵상

CREDO

지은이 김동기
펴낸이 성상건

펴낸날 2024년 11월 26일 초판 1쇄 발행
펴낸곳 도서출판 나눔사
주소   (우)10270 경기도 고양시 덕양구 푸른마을로15
          301동1505
전화   02.359.3429 팩스 02.355.3429
등록일자 1995년 3월 27일
등록번호 제 2-489호(1988년 2월 16일)
이메일   nanumsa@hanmail.net

ISBN 978-89-7027-872-8 03230

값 14,000 원

잘못된 책은 바꾸어 드립니다.

사도신경 30일 묵상

CREDO

크
레
도

김동기 저

나눔사

서문 | 사도신경을 정리하면서

사도신경은 교회를 지켜낸 위대한 성경을 바탕으로 한 축약된 교리입니다. 이 교리를 통해 하나님의 거룩한 교회가 온전하고 바르게 세워지길 항상 기도합니다.

성경, 교리, 신학적 바탕 등은 많은 자료들을 참고했기에 일일이 수록하지 못함에 대해 이해를 구합니다.

다시 한번 사도신경을 정리하고 묵상하면서 삼위일체 하나님에 대한 고백을 통해 이단이 득세하는 세대에 참 진리가 거룩한 공 교회위에 세워지길 간절히 기도합니다.

나는 전능하신 아버지 하나님, 천지의 창조주를 믿습니다. 나는 그의 유일하신 아들, 우리 주 예수 그리스도를 믿습니다. 그는 성령으로 잉태되어 동정녀 마리아에게서 나시고, 본디오 빌라도에게 고난을 받아 십자가에 못 박혀 죽으시고, 장사 된 지 사흘 만에 죽은 자 가운데서 다시 살아나셨으며, 하늘에 오르시어 전능하신 아버지 하나님 우편에 앉아 계시다가 거기로부터 살아있는 자와 죽은 자를 심판하러 오십니다. 나는 성령을 믿으며, 거룩한 공교회와 성도의 교제와 죄를 용서받는 것과 몸의 부활과 영생을 믿습니다. 아멘.

차
례

우리들의 고백, 그리고
나의 고백

—

본문: 마태복음 16장 13절-17절

13 예수께서 빌립보 가이사랴 지방에 이르러 제자들에게 물어 이르시되 사람들이 인자를 누구라 하느냐 14 이르되 더러는 세례 요한, 더러는 엘리야, 어떤 이는 예레미야나 선지자 중의 하나라 하나이다 15 이르시되 너희는 나를 누구라 하느냐 16 시몬 베드로가 대답하여 이르되 주는 그리스도시요 살아 계신 하나님의 아들이시니이다 17 예수께서 대답하여 이르시되 바요나 시몬아 네가 복이 있도다 이를 네게 알게 한 이는 혈육이 아니요 하늘에 계신 내 아버지시니라

1905년경 평양 지방에서 있었던 일이다. 나이 칠십이 넘은 노인이 예수를 믿기로 작정하고 교회에 나왔다. 며느리도 교회로 인도했고, 두 아들도 믿게 했다. 노인은 세례를 받고자 했다. 그때에는 세례받는 규정이 까다로웠다. 선교사는 노인에게 특별히 봐주어서 십계명과 사도신경과 주기도문만 외울 것을 요청하였다. 그러나 칠십 노인은 이것도 힘이 들었다. 노인은 열심히 외우려고 노력했으나, 정작 선교사 앞에서는 잊어버리고 외우지를 못했다. 그 바람에 노인의 세례는 2년이나 지연되었다. 3년째 되던 해 세례 문답하려고 온 선교사는 노인에게 사도신경을 외어 보라고 요구했다. 이에 노인은 "목사님, 갓난아이가 주기도문, 십계명을 아오? 영아 세례 주듯이 나를 어린아이로 여기고 세례를 주십시오." 하였다. 자신을 어린아이로 여기고 세례를 베풀어 달라는 칠십 노인의 믿음을 보고 선교사는 두말없이 세례를 베풀었다.(기독정보넷)

"예수께서 이르시되 어린 아이들을 용납하고 내게 오는 것을 금하지 말라 천국이 이런 사람의 것이니라 하시고"(마태복음 19장 14절)

나눔 질문

사도신경을 다 암기하고 계시나요? 암기가 중요할까요? 신앙고백이중요할까요? 우리가 사도신경을 암기하는 본질적인 이유를말해봅시다.

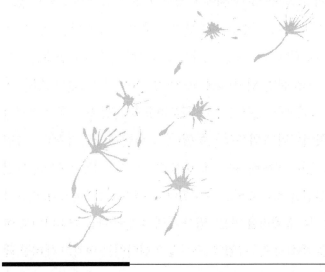

본론 / 수용하기

1. 사도신경의 기원

1) 신경이란: '신조(信條)'와 같은 의미로써 우리가 믿는 신앙을 공식적으로 표현하는 것을 말한다. '신앙의 선언'이라 할 수 있다. 기독교인이 무엇을 믿는가에 대한 간결한 표현이다. 초기에는 세례식을 거행할 때 문답으로 사용하였다. 성부로서의 하나님, 성자로서의 예수님, 그리고 성령의 사역을 정리하고 있다.

* 마틴 루터의 견해: "우리나 우리 신앙의 선조들이 이 신앙고백을 창

안한 것이 아니다. 벌이 온갖 아름다운 꽃들에서 꿀을 모으듯, 사도신경은 어린이들과 일반신자들을 위하여 성경 내용 전체, 사랑하는 예언자들과 사도들의 글을 아름답게 잘 모아서 요약해 놓은 것이다."(루터의 1535년에 한 설교에서)

2) 어원

(1) 신조(Creed): 라틴어'CREDO(내가 믿는다)'에서 왔다.

(2) 고백(Confession): 내가 믿는 것을 고백하는 것이다.
    입으로 그 믿는 바를 시인하는 것.

(3) 믿음의 규범(Rule of Faith): 믿는 자가 지켜야 할 법칙들

3) 신조의 종류

(1) 니케아신조(Nicaea AD 381): 동방교회의 신조로서 니케아 회의에서 결정

(2) 칼케돈 신조(Calcedon AD 451): 칼케돈 회의에서 결정한 신조

(3) 아우구스브르그(Augusburg 1530): 루터교회의 신앙고백

(4) 웨스트민스터 신조(Westminster 1646): 장로교회의 신앙고백

(5) 제39 신앙조항(1563): 감리교회, 성공회의 신앙고백

(6) 발멘(Barman 1934): 제1차 대전 독일교회의 신앙고백

(7) 1967년 신앙고백: 웨스트민스터 신조에서 선교와 성령의 부분을 보충하였다.

4) 작성 시기

사도신경이란 말은 390년경에 라틴어로 처음 사용되었다. 전승에 의하면 사도들의 공동작품으로 이루어졌다고 한다. 베드로가 성령의 감동을 받아 "전능하사 천지를 만드신 하나님 아버지를 내가 믿사오며"라고 시작하고, 이어 안드레가 "그 외아들 우리 주 예수 그리스도를 믿사오니"라고 했다고 한다. 이어서 모든 제자가 한 마디씩 고백하여 사도신경이 기록되었다. 물론 후기에 초대교회는 이를 손질했다고 전해지기도 한다.

이단이 횡행하고 기독교 신앙이 정리되지 않았던 주후 390년경에 교부 히폴리투스, 마르셀루스, 루피누스 등에 의해 정리 채택되었다. 입에서 입으로 전해져 내려왔다. 2세기 중반에는 세례 의식에서 행하는 증언으로 이레니우스, 터툴리아누스, 오리게네스 등의 교부에 의해 일정한 표현양식으로 구체화되기 시작했다. 현재 우리가 고백하는 양식은 460년경 파우스투스에 의한 것으로 알려지고 있다.

5) 논쟁거리

신학적인 논쟁과 이단의 세력이 커감에 따라 새로운 중요성을 지니게 되었다. 당시 논쟁거리는 아래와 같다.

(1) 예수 그리스도가 사람이지만 하나님과 가지는 관계는 무엇인가?
(2) 예수 안에 신적인 요소가 있는가? 없는가?
(3) 있다면 어느 정도인가?

사도신경은 바로 이 문제에 해답을 주고 있다. 후에 "믿음의 규칙"

이란 별명이 붙어 널리 보급되었다.

6) 결론

여러 이단들의 주장을 물리치고 아타나시우스(Athanasius)의 바른 신앙 정립이 교회에 의해서 채택되었다. 예) 당시의 대표적 이단으로서는 가현설(假現:Desertism)과 양자설(養子設: Adoptionism)이 있었다.

7) 내용

고백의 대상	내용
하나님	아버지, 전능자, 창조주
예수님	잉태, 수난, 십자가, 죽음, 부활, 승천
성령님	믿음
교회 성도	거룩한 공회, 성도의 교제, 사죄의 은총, 영생

8) 사도신경을 공부하는 이유

(1) 성경을 바로 이해하고 바른 신앙고백을 하려는 데에 있다. 당시 사도신경이 나온 이유가 그렇듯 성경에서 예수님은 어떤 분이라고 기록하고 있는가를 정확히 표현하고자 했으며, 거기에 따른 고백이 사도신경에 들어있다.

(2) 짧은 시간 내에 기독교 교리의 진수를 일별할 수 있다. 성경 66권을 1,189장, 31,171절을 다 공부하자면 많은 시간이 걸린다. 특히

기독교 교리를 빨리 알고자 하는 신입 교인에게는 그 지루함이 더할 것이다. 66권을 종합하여 요약한 사도신경을 우리의 신앙의 거룩한 욕구를 채워 줄 수 있다. 성경의 축소판이라 할 수 있는 사도신경을 자세히 풀어서 많은 시간을 두고 공부해야 하겠지만 가급적 요점만 추려서 기독교의 진수만 약 30여 일 동안 쉽게 해석해 보려고 한다. 그래서 초신자에게는 확고한 신앙을 확립하고, 오래된 신자에게는 이를 계기로 사도적 전승을 재확인하여 성경을 재음미하고 올바로 해석하는 데 도움을 주고자 한다.

9) 사도신경의 필요성

(1) 초신자에게 성경의 진리를 일목요연하게 보이기 위해: 창세기 1장부터 계시록 22장까지를 다 읽지 못한 이도 사도신경을 통해 성경적 진리를 알 수 있다.

(2) 신앙의 유전, 혹은 전도를 위해: 신앙의 핵심을 자녀에게 전하거나, 불신자를 전도할 때 좋다.

(3) 그른 신앙을 판단키 위해(이단 분별): 사도신경을 고백치 않는 교회는 이단이다.

니케아 종교회의는 "예수께서 태어나시기 전에 계시지 않았다고 한다거나 하나님과 동등한 본체를 가지고 있지 않다는 자를 우리가 정죄한다"고 했다.

"그런즉 그들이 믿지 아니하는 이를 어찌 부르리요 듣지도 못한

이를 어찌 믿으리요 전파하는 자가 없이 어찌 들으리요" 마음으로
믿는 것으론 부족하다. 입으로 시인하여야 한다.(로마서 10장 14절)

결론 / 결단과 행함의 기도

주님, 나는 정말 주님께 속한 자입니까? 오늘 주님께 속한 자로 교
회 공동체 속에서 나를 고백하게 하시고 나를 드리게 하시고 나의 고
백을 통해 사도들의 신앙을 오늘 나의 신앙이 되어 온전한 주님의 백
성 되게 하소서. 예수님의 이름으로 기도합니다. 아멘.

주문이 아니라 고백

—

마태복음 16장 13절-20절

13 예수께서 빌립보 가이사랴 지방에 이르러 제자들에게 물어 이르시되 사람들이 인자를 누구라 하느냐 14 이르되 더러는 세례 요한, 더러는 엘리야, 어떤 이는 예레미야나 선지자 중의 하나라 하나이다 15 이르시되 너희는 나를 누구라 하느냐 16 시몬 베드로가 대답하여 이르되 주는 그리스도시요 살아 계신 하나님의 아들이시니이다 17 예수께서 대답하여 이르시되 바요나 시몬아 네가 복이 있도다 이를 네게 알게 한 이는 혈육이 아니요 하늘에 계신 내 아버지시니라 18 또 내가 네게 이르노니 너는 베드로라 내가 이 반석 위에 내 교회를 세우리니 음부의 권세가 이기지 못하리라 19 내가 천국 열쇠를 네게 주리니 네가 땅에서 무엇이든지 매면 하늘에서도 매일 것이요 네가 땅에서 무엇이든지 풀면 하늘에서도 풀리리라 하시고 20 이에 제자들에게 경고하사 자기가 그리스도인 것을 아무에게도 이르지 말라 하시니라

기독교와 타종교의 가장 큰 차이는 '신앙고백'이다. 타종교는 인간이 신을 찾는 구도 행위이기에 확신을 갖고 신앙을 고백할 수 없다. 하지만 기독교는 하나님께서 인간을 찾아오신 계시의 은혜로 말미암아 확신 있게 신앙을 고백 할 수 있다. 따라서 언제 어디서나 무엇에든지 신앙을 고백해야만 하는 '산 크리스천(a living christian)' 이다.

1976년 7월 26일, 미국에서 발사한 아폴로 15호가 달에 도착한다. 당시 조종사였던 제임스 어윈은 사흘 동안 달의 표면을 탐사하며 일명 '창세기의 돌'을 채취해서 돌아왔다. 귀환 후 그는 많은 이들에게 칭송과 존경을 얻게 되었는데, 어느 축하연에서 그를 향해 환호하던 사람들에게 이렇게 말했다고 한다. "인류 역사 최고의 날은 인간이 달에 도착한 날이 아닙니다. 하나님의 아들 그리스도가 이 땅에 오신 날입니다." 아, 놀라운 신앙고백이 아닐 수 없습니다. 자신을 높이고 칭송하는 자리에서조차 이렇게 신앙고백을 할 수 있다니 참으로 아름답고 위대한 일이다. 그렇다면 당신에게는 이런 신앙고백이 있는가? 언제 어디서든 이런 신앙고백이 있을 때 그는 진정 산 크리스천이다. 그리고 신앙고백에는 언제나 용서와 거룩, 감사, 그리고 자기부인(否認)이 나타나야 한다. (겨자씨/국민일보)

나눔 질문

나의 신앙고백을 한 마디씩 해 볼까요?

본론 / 수용하기: 또 다른 방향의 입문

1. 신앙고백을 하는 이유

왜 우리는 신앙고백을 하여야 하는가? 사람은 인격적인 존재로서 지, 정, 의를 갖추고 있다. '지'는 지성을 말하는 것으로 바로 알아야 하며, '정'은 감정을 말하는 것으로 바로 느껴야 하는 것이며, '의'는 의지를 말하는 것으로 바로 결심하는 것이다. 따라서 신앙은 바로 알고, 바로 느끼고, 바로 결심하는 결단이다. 마음으로 믿고, 입으로 고백하고, 몸으로 실천하는 것이 바로 신앙인이다. 사람은 신앙고백을 통하여 신앙에 대한 확신을 가지게 되며, 신앙을 통해 인격적으로 완성해 가는 존재이다.

또 예수님은 우리에게 신앙고백을 요구하신다. 예수님께서 제자들을 불러 모으시고 '사람들이 인자를 누구라 하느냐' 물으시고, 제자들이 여러 가지 대답하자 그러면 '너희는 나를 누구라 하느냐'고 물으셨습니다. 제자들에게 자신(예수)에 대한 신앙고백을 요구하신 예수님의 이 물음은 오늘 우리에게도 똑같이 물으시는 예수님의 물음이라는 것을 깨닫는 성도가 되시기 바랍니다.

2. 기독교의 3대 표준

기독교에서 가장 중요한 3대 표준은 십계명과 주기도문과 사도신경이다. 구약성경에서 십계명은 전체적으로 펼쳐진 내용을 압축해 놓은 기본적인 계명이며, 십계명에 기준을 두어 풀어써 놓은 내용이 구약성경이라고 해도 과언이 아니다. 그런데 십계명이 구약성경을 압축해 놓은 계명이라고 해서 구약시대에만 해당한다고 볼 수는 없다. 신약성경도 엄밀하게 말하자면 십계명에 대한 새로운 이해를 예수님의 설교와 교훈으로 풀어 써 놓은 것이다. 그러므로 십계명은 구약시대나 신약시대와 관계없이 시대를 막론하고 성도의 생활에 표준이 되는 기독교 윤리의 기본이다.

다음은 주기도문으로 예수님이 가르쳐주신 기도로서 모든 그리스도인이 기도해야 할 모든 사항이 요약되어 있다. 이것은 기도의 모범이고, 농축된 진액과 같은 기도라고 할 수 있다. 응답받는 기도, 하나님을 기쁘시게 하는 기도가 바로 주기도문이다. 그리고 사도신경이다. 어떻게 믿는 것이 가장 잘 믿는 것인가 사도신경대로만 믿으면 가장 잘 믿는 믿음이며, 정통성 있는 믿음이다. 사도신경은 성경에 있는 중요한 교리를 잘 요약한 것이며, 우리에게 꼭 필요한 중요한 교리를 잘 정리해서 요약한 것이다.

3. 사도(Apostles)의 의미

① 사도의 의미 : 사도란 "보냄을 받았다"라는 뜻이며, '파송한다'. '내보다'에서 파생된 형용사적인 명사이다. 구약에서 '샬리아흐'라는 표현이 있는데, 모세, 엘리야, 엘리사, 에스겔 등을 "하나님의 대리인"이라는 뜻으로 그렇게 불렀다. 예수님은 자신을 하나님께로 부터 보냄을 받았다고 설명하고 있다. 이와 같은 의식을 확대해 제자들을 파견하므로 자신의 권위를 제자들에게 부여하고 있음을 볼 수 있다. 예수님은 특별히 12사도를 택하여 권한을 위임하여 파송하셨다. 이런 면에서 볼 때 사도란 의미는 예수님께서 특별히 선택하여 부활한 후에 많은 권능을 부여하여 파송하는 선택된 무리로서 12사도를 의미하는 것이다. 그러나 좀 더 포괄적으로 생각해보면 히브리서 3장1절 "그러므로 함께 하늘의 부르심을 입은 거룩한 형제들아 우리의 믿는 도리의 사도시며 대제사장이신 예수를 깊이 생각하라"라는 말과 요한복음 6장 57절에서 "아버지께서 나를 보내심을 내가 왔다"고 하신다. 예수님은 하나님의 보내심을 받고 왔기에 시도라고 할 수 있으며, 주님을 믿고 따르는 모든 제자는 하나님이 보내셔서 왔기 때문에 사도라고 할

수 있다. 특별히 가톨릭교회에서는 '사도회'라는 말을 많이 쓴다. (남성 사도회, 여성 사도회, 청년 사도회) 물론 사도신경에서 말하는 사도의 의미는 12사도에 한한 것이다.

②사도의 자격

⑴예수님 당시의 사람으로 예수님의 생애와 죽음과 부활 사실을 직접 본 사람들이다.(요한복음15장 26절-27절, 사도행전 1장 21절-22절) 요한일서 1장1절은 "태초부터 있는 생명의 말씀에 관하여는 우리가 들은 바요 눈으로 본 바요 주목하고 우리 손으로 만진 바라"고 말씀하셨다. 듣고, 보고, 주목하고, 만진다고 하는 것은 바로 사도가 되는 조건이다. 이와 같이 주님의 모든 것에 대한 산 체험이 있기에 초대교회의 극심한 박해 속에서도 굴하지 않고 예수의 증인이 될 수가 있었던 것이다.

⑵예수님의 부름을 받고 특수훈련을 받은 사람들이다. 예수님의 제자들은 한결같이 사회적으로 알려지거나 뛰어난 사람들이 아니었다. 특히 12사도들은 대부분이 무명한 사람들이다. 예수님이 이들을 부르셨고, 그들은 예수님을 따랐다. 그들은 모두 일상 생업에 종사하는 자들인데 예수님을 만나 다 버리고 따라나선 사람들이다. 하나님의 일은 세상의 지혜와 총명이 아니라, 하나님의 부르심과 하나님의 주시는 능력으로 되는 것이다. 따라서 평범한 사람이라도 훈련되면 좋은 일군이 될 수가 있다. 예수님은 평범한 사람들 12명을 불러 3년간 훈련을 시키셨다. 이적을 보이시고, 설교를 통해, 산 기도를 통해 예수

의 제자들로 훈련되어 자라났다. 가령, 군대의 특수부대. 특공대 등인데, 아주 뛰어난 사람이 가는 곳이 아니라 어느 정도 신체적인 요건만 갖추면 가서 훈련으로 만들어진다. 일정한 기간 특수한 훈련을 받으면 다른 군인들보다 용감하게 특수한 임무를 수행한다. 그들이 날 때부터 강인한 체력을 가졌다든가, 특수임무 수행에 알맞은 기술을 가진 사람들이 아니다. 훈련을 통해서 그렇게 변화한 것이다. 사도들은 예수님에 의해서 훈련받은 정예 요원들이다. 그러므로 신앙훈련을 어떻게 받느냐가 참으로 중요하다.

(3) 성령 충만한 사람이다.

신·구약을 막론하고 선지자 또는 사도들은 성령 충만한 사람들이었다. 요한복음 3장 34절 "하나님의 보내신 이는 하나님의 말씀을 하나니 이는 하나님이 성령을 한량없이 주심이니라" 하나님이 보내신 사람은 가장 먼저 성령 충만을 받아야 한다. 예수님도 공생애를 시작하실 때 성령 충만을 받으셨고, 예수께서 제자들에게도 '성령을 받으라'고 명령하셨다. 예수님이 십자가에 못 박히실 때 좌절하고 실망하여 도망하고, 자기의 생업으로 돌아가던 사람들인데 오순절 성령 충만을 받은 후 초대교회를 세우고 세계선교의 귀한 역사를 이루었다.

4. 사도의 사역

① 성경을 기록하였다.

사도들은 성령의 힘을 빌려 초대교회를 이끌어가면서 그들의 공동체와 함께 예수님의 생애와 교훈을, 특별히 설교의 말씀들을 모아서 성경을 기록하였다. 이것은 사도들의 사역 가운데 가장 중요한 일이다. 오늘날 성서 신학자들 사이에서 이것이 엄밀한 의미에서 '사도들의 작품인가?'하는 문제를 제기 하지만 최소한 그들의 공동체가 집필한 것에 대해서는 이의가 없다. 그러나 분명히 기억할 것은 사도들의 노력이 없이는 성경 형성이 불가능했다는 것이다. 사도들은 자기의 지식 안에서 성경을 기록한 것이 아니라, 예수님과 함께 생활하고 가르침 받고, 전하라고 하신 것을 성령의 힘으로 기록한 것이다.

② 복음을 전파하였다.

사도들의 가장 큰 사역 중에 하나는 세계를 향한 복음 전파이다. 사도행전 1장 8절에 "오직 성령이 너희에게 임하시면 너희가 권능을 받고 예루살렘과 온 유대와 사마리아와 땅 끝까지 이르러 내 증인이 되리라 하시니라"는 명령을 쫓아 사도들은 철저히 박해와 환난을 무릅쓰고 복음 전파에 심혈을 기울였다. 증인이 된다는 사실은 바로 예수가 그리스도이고, 십자가에 죽고 부활했다는 사실과 모든 백성으로 하여금 구원을 받게 하신다는 사실을 증언하는 것이다. 사도들은 순교와 시련에 개의치 않고 복음 전파에 전력투구했다.

③ 교회 설립의 기초가 되었다.

그리스도의 교회는 오순절 성령강림으로부터 시작되었다. 베드로의 설교를 듣고 회심한 무리들이 초대교회의 기초를 이루었다. 그래서 베드로를 교회의 기초가 되는 반석이라고 말한다.

5. 사도신경의 특징

성문화된 신경 중에서 오래된 신경이다. 가장 성서적이며, 표준적이며, 기초적이다. 모든 시대에 모든 교회들이 이의 없이 신앙고백으로 받아들였다. 사도신경에 포함된 교리들-창조론, 신론, 기독론, 성령론, 삼위일체론, 구원론, 인간론, 교회론, 죄론, 말세론, 부활론, 영생론으로 구성된 조직신학적인 체계를 갖고 있다.

결론 / 결단과 행함의 기도

하나님의 부르심에 순종했던 사도들의 삶과 그들의 신앙 고백이 오늘에 우리의 삶에 전승되게 하여 주시옵소서. 사도들의 사명에 순종하고 충성하였기에 오늘에 우리 또한 그 믿음으로 하나님 앞에 있음을 고백합니다. 우리도 다음 세대를 위한 먼저 부름 받은 사람으로 온전한 고백을 통해 거룩한 고백을 통해 은혜의 삶으로 거룩한 전승이 이어지도록 성령 충만으로 인도하소서. 예수님 이름으로 기도합니다. 아멘

어렵지만 신비한
삼위일체 하나님

본문: 요한복음 10장 30절

나와 아버지는 하나이니라 하신대

서론/ 마음 열기 및 예화 - 삼위일체의 어려움

하루는 아우구스티노 성인께서 삼위일체 교리를 어떻게 하면 잘 깨닫고 설명할 수 있을까 하여 고민하면서 바닷가를 산책하고 계셨다. 하루 종일 바닷가에서 생각에 잠겨 있는데, 한쪽 구석 백사장에서 아이들 세 명이 역시 하루 종일 모래성을 쌓아 놓고 작은 조개 껍질로 바닷물을 퍼부으며 놀고 있었다. 성인께서 가까이 가서 "애들아, 너희들 무엇을 하고 있어"라고 물으시자, 어린이들은 "저희들은 저 바닷물을 이 모래성에 모두 퍼 담으려고 합니다"라고 답했다. 성인께서 웃으시며 다시 "애들아, 너희가 죽을 때까지 해도 그 일은 못 끝낼 것이야"라고 하시자, 아이들은 "그래도 선생님께서 삼위일체교리를 깨닫는 일보다 더 쉬울 거예요"라고 답했다고 했다.(The Golden Legend 중세 전설 모음집)

나눔 질문

여러분이 생각하는 삼위일체를 얘기해 볼까요?

사도 신조의 내용을 하이델베르크 요리문답(칼뱅의 교리 교육용/독일)의 작성자들은 세 부분으로 나누어 설명한다. 즉, 성부와 우리의 창조에 대한 부분, 성자와 우리의 구속에 대한 부분, 그리고 성령과 우리의 성화에 관한 부분으로 나누는 것이다.(제 24 문답). 다른 말로 해서 하이델베르크 요리문답은 사도 신조를 삼위일체적 구조로 이해하는 것이다. 사도 신조 자체가 삼위일체적 구조를 지니고 있다고 하는 것도 그렇게 무리한 것은 아니다.

이를 잘 이해하기 위해서는 터툴리안(북아프리카 초대 교부)이 처음 사용하고 그를 따라 많은 사람들이 사용해서 교회 안에서 일반화된 "삼위일체"(trinitatis)라는 말로서 우리가 의미하는 바를 먼저 분명히 하는 것이 필요하다. 이런 의미에서 하이델베르크 요리 문답의 제25문도 삼위일체 하나님에 대한 질문과 대답을 하고 있다. 그 질문은 다음과 같다. "오직 한 하나님이 있을 뿐인데, 왜 당신은 성부, 성자, 성령 삼위에 대해서 말합니까?" 그리고 이에 대해서 다음과 같은 대답이 주어져 있다. "왜냐 하면 그것이 하나님께서 자신의 말씀 가운데서 자신을 계시하신 방식이기 때문이다. 이 세 가지 구별되는 위들이(these three distinct Persons) 하나의 참되고 영원하신 하나님이다."(제 25 문 답). 이제 우리는 하나님께서 당신을 이렇게 삼위일체이신 하나님으로 드러내신 것을 생각해 보기로 하자.

1. 참되고 영원하신 한 하나님

하나님께서는 자신이 어떠하신 분이신지를 단번에가 아니라, 점진적으로 계시하여 오셨다. 구약 시대에는 하나님께서 한 분의 유일하신 하나님이심을 아주 강조하고 있다. 신들이라 칭하는 것들이 많은 상황 가운데서는 이렇게 하나님의 유일하심을 강조하는 것이 아주 필수적인 것이다. 그래서 이스라엘 백성이 유월절마다 암송하는 소위 "쉐마"(shema)에서는 "이스라엘아 들으라(shema Israel), 우리 하나님 여호와는 오직 하나인 여호와시니"(신명기 6장 4절)라고 해서 하나님의 하나이심을 강조하여 가르치고 있다. 이것은 구약에서 계속되는 가르침이어서 이 한 하나님 여호와를 떠나거나 그와 더불어서 다른 것을 섬길 수 없다는 것이 구약의 중요한 가르침인 것이다. 왜냐하면 오직 하나이신 이 여호와는 그가 한 분이시며 유일하신 분이심에 걸맞게 절대적인 관계를 요구하시기 때문이다. 그러므로 이 한 하나님에 대해서는 우리의 "마음을 다하고, 성품을 다하고, 힘을 다하여", 즉 우리의 모든 것을 다하여 섬기는 것이 아주 필수적인 일인 것이다.

하나님이 한 분이심은 신약에서도 명백히 가르치는 중요한 교훈이다. 예를 들어서, 바울은 다음과 같이 선언한다. "하나님은 복되시고 홀로 한 분이신 능하신 자시며 만왕의 왕이시며 만주의 주시요 오직 그에게만 죽지 아니함이 있고 가까이 가지 못할 빛에 거하시고 아무 사람도 보지 못하였고 또 볼 수도 없는 자시니 그에게 존귀와 영원한 능력을 돌릴지어다."(디모데전서 6장 15절-16절). 다른 모든 것보다도 이 선언 속에 하나님이 홀로 한 분이신 분으로 이 세상을 주관하시는 분이심이 잘 드러나고 있음을 잊어서는 안 된다.

2. 삼위 하나님에 대한 계시

그런데 신약에서 가장 현저하게 계시 된 또 하나의 중요한 사실은 이 한 분이신 하나님은 아주 독특한 방식으로 존재하신다는 것이다. 일반적으로 한 분이 있다고 하면 그에게 하나의 인격(person)이 있다. 이처럼 사람은 한 인격이 한 사람, 즉 한 분을 구성하는 것이다.(사람) 그러나 신약의 계시의 빛에서 보면 하나님은 이와는 좀 다른 존재 방식을 가지고 계시다. 그것은 하나님은 한 분이시지만 그 한 신성이 세 위격(three persons, three hypostasis)으로 존재하신다는 것이다. 즉, 하나님의 본질(essentia)은 하나이지만, 이 본질이 구현되어 있는 위격(person)은 셋이시라는 것이다. 칼뱅이 말하고 있듯이, "하나님의 한 본질 안에 위격들의 삼위일체가 있다"(in the one essence of God there is a trinity of persons)는 말이다.

이런 용어를 사용하는 것은 용어의 사용을 통해서 말을 절약해서 표현하기 위함이며, 우리가 어떤 식으로든지 성경에 제시된 하나님에 대한 생각을 표현하지 않을 수 없고 나름대로는 최선을 다해 이를 표현해야 하기 위한 것이다. 이 사실이 신약에서 어떻게 계시 되었는지를 간단히 살펴보자.

먼저 우리는 신약에서 예수 그리스도를 만나게 된다. 그의 생애와 가르치심을 신약 성경을 통해서 자세히 살펴보면, 그는 자신을 자신이 아버지라 부르신 하나님, 그리하여 자신과 아버지를 구별하시면서도 또 자신을 그 아버지 하나님과 동일시하시기도 한다. 예를 들어서, 그는 "나와 아버지는 하나니라"(요한복음 10장 30절)라고 말씀하시기도 하시고, 때로는 오직 하나님만이 하실 수 있는 사죄의 선언을 하심으로써 자신이 죄를 사하시는 권세를 가지신 분임을 드러내신다.(마가복음 2장 1절-12절). 그리고 그를 신적인 분으로 인정하는 고백을 받아들이시기도 하신다. 예를 들어서, 베드로의 말한 바 "살아 계신 하나님의 아들"(마태복음 16장 16절)이라는 고백을 포함한 신앙고백에 대해서 이는 "하늘에 계신 내 아버지께서" 알게 하셨다고 하시면서 이를 긍정적으로 받아들이셨다. 또한 부활하신 주님에 대한 도마의 "나의 주시요, 나의 하나님이시니 이다"(요한복음 20장 28절)는 고백도 받아들이신 것이다. 이렇게 그가 아버지라 부르신 하나님과 자신을 구별하시면서도 자신을 그 아버지와 동일시하시는 것으로부터 우리는 그가 아버지와 같은 하나님이시나, 또 아버지와는 구별되는 분이시라는 사실에 직면한다. 이것이 잘 이해되지는 않아도 하나의 사실로서 우리 앞에 서 있는 것이다.

그리고는 그가 사역을 마치실 즈음에 그는 후에는 "보혜사 곧 아버지께서 내 이름으로 보내실 성령, 그가 너희에게 모든 것을 가르치고 내가 너희에게 말한 모든 것을 생각나게 하시리라"(요한복음 14장 26절)고 하셨다.(요한복음 15장 26절, 요한복음 16장 7절-14절). 과연 이 성령은 예수 그리스도께서 그의 사역을 마치시고 승천하신 후에 오셔서 교회를 인도해 나가기 시작하셨다. 그리고 교회는 그들 가운데 계셔서 그들을 가르치시고, 인도하시며, 지도해 가시는 성령이 하나님이심을 인정하였다.(사도행전 5장 1절-11절).

이렇게 하나님께서 당신의 독특한 존재를 계시하시자 사람들은 난제 앞에 서게 되었다. 이전부터 하나님으로 섬겨 왔고 예수께서 아버지라 부르신 그분과 자신을 그의 독특하신 아들로 드러내신 예수 그리스도, 그리고 아버지께서 이 아들의 이름으로 보내신 성령의 관계가 과연 무엇인가 하는 것이 난제이다. 아버지 하나님, 아들 하나님, 그리고 성령 하나님의 관계는 과연 어떻게 이해되어야 하는가?

3. 두 가지 잘못된 해결책

교회가 처음 이 난제 앞에 서게 되었을 때 교회 안에는 이에 대해서 두 가지 대립되는 잘못된 이해가 발생했다. 그 하나는 하나님을 이제 세 하나님으로 생각하는 것이다(삼신론적 이단). 그러나 이는 앞서 살펴본 구약과 신약의 명확한 증거, 즉 하나님은 홀로 한 분이신 하나님이시라는 증거와 명백히 상반되는 것이다. 그러므로 있을 수 없는 견해이고 아주 명확한 형태의 삼신론을 교회 안에서 찾기는 좀 힘들다.

그러나 어느 정도 이에 근접하는 오해로, 성부 하나님만을 온전하신 하나님으로 말하고, 성자와 성령은 좀 못한 하나님, 제 2의 하나님이나, 제 3의 하나님으로 말하는 이들은 많다. 이런 이해도 성경의 진술과 일치하지 않는다는 것은 분명한 사실이다. 그러므로 이런 생각은 교회에서 이단적인 생각으로 정죄된 것이다. 이런 오해의 가장 대표적인 경우를 들자면 그것은 아리우스(Arius)와 그를 추종하던 이들(Arians)의 생각이다. 아리우스는 성자는 영원에서 창조된 최초의 피조물이라고 했다. "하나님의 뜻과 경륜에 의해서"존재하게 된 하나님의 온전한 피조물이요, 하나님의 사역이라는 것이다. 그리고 그를 통해 세상이 창조되었다고 하였다. 그러므로 영원에서는 성자가 '있지 않던 때가 있었다.'고 하는 것이다. 그러므로 성자는 성부보다는 좀 못한 하나님, 선을 선택하여 불변성을 얻고 신성에 이른 존재이고, 하나님으로 받아들여진 하나님이시라는 것이다. 그러므로 그는 우리의 영예를 받으시기에는 합당하나 우리의 경배의 대상일 수는 없다는 것이다. 성령의 지위는 더 격하되었음은 말할 나위도 없다. 이런 생각에 의하면 성부, 성자, 성령이 따로 계시되, 성부만이 온전하신 하나님이시고, 성자와 성령은 부차적인 하나님이시라는 것이다.

이와는 정반대로 성부, 성자, 성령의 동등하심과 심지어 하나이심을 강조하다가 잘못된 사상도 있다. 소위 역동적 군주론(dynamic monarchianism)은 예수님을 그저 사람으로 보고, 성령을 신적인 영향력으로만 보았고, 양태론(modalism)으로 알려진 이단은 성부, 성자, 성령이란 한 하나님께서 각기 다른 시기에 자신을 드러내신 세 가지 양태(three modes of manifestation)에 불과하다고 생각하는 것이다. 그러므로 성부가 성자이고, 그가 성령인데, 그것은 각기 다른 시기에 다른 형태를 가지고 하나님이 자신을 드러내시고 계시하신 수단이라는 것이다. 그러면 성자의 수난이 곧 성부의 수난이 되고 (성부 수난설, patripassianism), 결국 하나님은 한 분이시라는 것이다 그러나 이런 이해는 성부와 성자, 그리고 성령이 뚜렷이 구별되어 계시 되어 있다는 것과, 때로는 성부, 성자, 성령이 동시에 나타나신 사건들 (예수님의 수세, 변화산 사건 등)을 설명할 수 없는 것이다. 그러므로 이런 이해는 하나님을 오해하는 것이 된다.

이 두 가지 오해는 아주 명확한 형태로 나타난 것만이 문제가 아니라, 비록 전통적 삼위일체론을 지니더라도 그런 경향으로 나아가는 모든 것도 문제가 있을 수 있음을 생각해야 한다. 예를 들어서, 삼위일체라는 말을 처음 사용한 터툴리안(Tertullian)도 성자를 성부에게 종속시키는 듯이 말을 한 일이 있고, 오리겐(Origen)은 성자는 성부에게 종속되어 있고, 성령은 성자에게 종속되어 있다고 표현하여 소위 종속론(subordinationism)의 문제점을 드러내고 있는 것이다.

이런 문제점들은 과거의 교회에만 있었던 것이 아니라 오늘날에도 이와 비슷한 생각들이 우리 주변에 있을 수 있기에 우리는 주의해야 한다. 우리들에게도 성부에 비해서 성자와 성령을 무시하는 경향이 있을 수 있다. 성자의 인간 되심에 충실하다고 하면서 그의 신성을 무시하거나 이를 완전히 감추어진 것으로 여기는 현대의 경향이나, 성령을 향해서 명령하듯이 말을 하는 풍조나 성령의 인격성을 잘 드러내지 못하는 언사와 행동이 위에서 말한 첫 번째 오해와 연관될 수도 있음을 생각하면서 우리는 주의해야 한다. 또한 성부, 성자, 성령을 설명하면서 한 존재가 가질 수 있는 세 양태와 관련해서 설명하는 것(예를 들어서, 물질의 삼태(三態)에 따라서 물이 수증기, 물, 얼음으로 될 수 있으나 다 같은 것이라고 설명하든지, 한 존재가 가질 수 있는 다양한 지위와 관계로 [아버지, 남편, 교사 등] 설명하든지 하는 것)은 위에서 말한 두 번째 오해와 관련될 수 있는 것이다

4. 우리의 바른 삼위일체 이해는?

그러면 우리는 삼위일체를 어떻게 이해해야 하는가? 오직 한 하나님이 계시는데, 그는 이 세상에 그 어떤 것과도 유비되지 않으시는 아주 독특한 존재 방식을 가지셔서 그 한 하나님이 성부, 성자, 성령 삼위(three persons)로 존재하신다고 이해해야 하는 것이다. 그러므로 성부, 성자, 성령은 그 존재와 영광과 권세에 있어서 동등하시며, 동일 본질을 가지고 계시어서 한 하나님으로 계시는 것이다. 그러므로 본질적 존재에 있어서는 각 위 간에는 종속적인 면이 없고, 위격적 엄위에 차이가 전혀 없는 것이다. 그분들께서 계시하실 때 아버지, 아들의 용어를 써서 계시하시므로 우리는 그 계시를 따라서 성부(아버지 하나님), 성자(아들 하나님), 그리고 성령 하나님이라는 용어를 쓰는 것이고, 또 이 용어들이 지시하는 관계성과 성경의 표현에 근거해서 '성부 하나님께서 성자 하나님을 발현히사고(generate), 성자 하나님은 성부 하나님에 의해서 나타나시며(is generated), 성령 하나님은 성부와 성자로부터도(filioque)나오신다(proceed, spiratio, 요한복음 15장 26절)'는 표현을 써서 설명하는 것이다.

그리고 이 삼위일체의 관계를 우리가 인식하게 되는 것은 하나님께서 자신을 점진적으로 계시하신 것에 근거해서 신약에서야 비로소 온

전히 인식할 수 있지만, 이 삼위의 관계는 구약에도 있던 것이고 때때로 비록 그림자 적 형태이기는 하지만 그런 시사가 있는 계시도 있었다고 이해해야 한다. 이 삼위일체의 관계는 사실상 하나님이 계시면서 계속해서 있어 온 관계이다. 이렇게 영원 전부터 삼위일체로 존재하신 하나님을 우리는 때때로 본체론적 삼위일체, 존재론적 삼위일체라고 하며, 그 하나님이 자신을 역사적 경륜 가운데서 드러내신 것을 경륜적 삼위일체라고 불러 왔다. 그렇다면 본체론적 삼위일체는 경륜적 삼위일체의 존재 근거이고, 경륜적 삼위일체는 본체론적 삼위일체의 인식 근거라고 할 수 있을 것이다. 하나님은 이렇게 자신이 삼위일체적 존재이심을 경륜과 계시 가운데서 드러내어 주셨으므로, 우리는 그것에 근거해서 하나님을 삼위일체적 존재로 인정하고 그에 걸맞게 섬겨 나가야 할 것이다.

이러한 배경에서 삼위일체적 발현이 성경 안에서 그의 실현과 하나님의 역사에 함께한 것처럼, 교회 공동체 내에서도 이러한 삼위일체적인 사역이 필요하다. 다양하지만 오직 한 하나님의 영광을 위해서 세워지고 만들어지는 그러한 사역이다. 평등하며, 종속되지 않으며, 다양하나 획일적이지 않다는 것이다. 삼위일체가 하나님의 뜻을 성경 안에서 역사적으로 상황적으로 이룬 것 같이 우리 또한 그러한 가르침 안에서 세워나가야 하는 것이다. 교회에는 목사(장로), 교사, 권사, 집사 등의 직책은 다양한 사역 가운데 오직 하나님의 뜻을 이루어 가는 데 있어서 종속되거나 계층이나 신분이 없는, 그리하여 그 부름에 순종하여 나가는 하나 되는 사역이 필요한 것이다.

결론 / 결단 및 행함의 기도

주님, 오늘도 하나님의 부름 받은 백성으로 삼위일체 하나님을 고백합니다. 우리 가운데 역사 하시어 다양함으로 오신 것처럼 우리 가운데 다양한 성도들의 은사들을 올려 드리며 함께 하는 공동체로서 삼위일체 하나님의 역사와 섭리를 소망하길 원합니다. 다시금 고백합니다. 그 삼위일체 하나님의 그 온전하심을 따라 살도록 인도하여 주시고, 하나님의 놀라운 역사와 은혜를 성부, 성자, 성령의 역사 가운데 함께 하도록 인도하소서. 예수님의 이름으로 기도합니다. 아멘.

전능하신 하나님 아버지를 믿습니다.

—

본문: 창세기 17장 1절

아브람이 구십구 세 때에 여호와께서 아브람에게 나타나서 그에게 이르시되 나는 전능한 하나님이라 너는 내 앞에서 행하여 완전하라

서론 / 마음 열기 및 예화 : 레나 마리아

레나 마리아는 1968년 스웨덴에서 두 팔이 없고 한쪽 다리가 짧은 중증 장애인으로 태어났다. 3세부터 수영을 시작해, 19세에는 스웨덴 대표로 세계 장애인 수영선수권 대회에 참가해 4개의 금메달을 땄다. 수영뿐만 아니라, 레나는 초등학교 시절부터 작곡 등 음악에도 재능을 보였다. 이후, 그녀는 스웨덴 명문 스톡홀름 왕립음악대학을 졸업하면서 본격적인 가수의 길로 들어섰다.

1988년에는 스웨덴 국영 TV를 통해 레나 마리아의 자립생활을 다룬 '목표를 향해'라는 다큐멘터리가 제작, 방영되었다. 신체장애에도 불구하고 부모로부터 독립해 대학 생활을 하면서 가수의 꿈을 키우고 있던 그녀의 생명력 넘치는 모습이 담긴 이 다큐멘터리는 스웨덴 사회에 큰 반향을 일으켰다. 장애인에 대한 스웨덴 사회의 인식 자체에 변화를 이끌어냈을 정도다.

스웨덴 국왕이 수여한 장학금으로 미국에 유학해 가스펠 공부까지 마친 그녀는 가수로서 현재 세계를 무대로 왕성한 활동을 펼치고 있다. 그리고 그녀의 수기 〈발로 쓴 내 인생의 악보〉는 프랑스, 독일, 일본 등 14개국 언어로 출판되어 초대형 베스트셀러가 되었다. 혼자 걷기까지 3년, 옷을 입기까지 무려 12년이란 시간이 걸렸다. 그러나 포기하지 않았다.

두 팔이 없다. 왼발은 심각한 기형이고 다리 길이마저 짧아 오른쪽 다리의 절반에도 못 미친다. 그러나 그녀는 중증 장애인이라고는 믿겨지지 않는 생활을 한다. 오른발 하나로 요리도 하고 운전도 한다. 심지어는 가느다란 바늘에 실을 꿰어 십자수를 하고 한 발로 머리를 빗고 화장도 한다.

어린 시절, 다른 아기들이 손을 쓰는 법을 배워갈 때 그녀는 발로 살아가는 법을 스스로 터득했다. 엄지발가락에 우유병을 끼우고 쪽쪽 빨았으며, 어깨와 턱 사이에 물건을 끼워 들어 올렸다. 그러나 한 발로 모든 것을 잘하기란 분명 어려운 일이었다. 가장 어려웠다는 일어서기와 걷기! 한발로 일어나 걷기까지 온몸에 멍이 가시지 않을 정도로 아이로서 감당하기 힘든 일이었지만 그녀의 도전은 멈추지 않았다. 마침내 그녀의 나이 네 살에 비로소 일어서서 걸을 수 있게 되었다.

당당한 삶, 발이 손을 대신할 수 있는 이상, 나는 장애인이 아니다. 그녀는 당당하다. 자신의 장애를 드러내는 데 거리낌이 없다. 두 팔이 없기 때문에 손목시계를 오른발에 차고 외출을 한다. 레스토랑에서는 친구와 통화하기 위해 입으로 핸드폰 버튼을 누르고, 발가락으로 문자를 보낸다. 음악가 친구들과의 저녁 만찬, 식사를 하기 위해 식탁 위에 올라오는 그녀의 발에 부끄러운 기색은 전혀 없다. 그녀는 말한다. "내 장애가 불편하다면 그것은 보는 사람들의 문제이다" 자신의 몸을 거침없이 드러냄으로써 장애를 자연스럽고, 익숙하게 만드는 것. 이것이 그녀가 사는 방식이다.(뉴스엔조이)

하나님의 전능하심이 나와 어떤 관계가 있는가? 나의 인생에 어떤 영향을 주는가?

* 내 아버지는 전능하시다

사도신경의 첫 번째 고백의 명제인 하나님과 관련된 '전능하신 아버지 하나님'이다. '아버지'라는 호칭이 어머니인 성도님들에게는 거부감이 들지라도 이 용어의 의미는 어디까지나 인간과 교제를 원하시는 하나님의 속성을 표현하는 것이다. 하나님과 인간의 교제를 원하시는 하나님의 속성을 표현하는 것이다. 하나님과 인간의 교제에 있어서, 그 교제는 주인과 종, 왕과 신하, 기업주와 노동자, 장교와 사병의 관계와 같은 것이 아니다. 이러한 관계들은 사회 질서에서 생겨난 기능적 역할들이다. 기능적 관계에는 친밀, 사랑, 생명은 없다. 이것은 표면적인 것이기 때문에 자기주장, 요구, 경계, 이익 추구가 있을 뿐이다.

하나님과 인간의 교제에는 유보의 장벽, 숨긴 것, 일방적인 요구, 강요된 복종, 체념, 생계유지를 위한 수단, 성공을 위한 인연 맺기 같은 것들이 개재되지 않는다. 하나님과 교제에는 친밀함, 사랑, 자족, 희망, 신뢰, 생명이 내재 되어 있다. 하나님과 교제에는 이 세상에서 이루어지는 많은 교제에서 경험하는 결핍, 고갈, 갈등, 무의미, 무시당함, 상호 의존성, 불만 같은 것들이 없다. 하나님과 교제에서 이러한 경험은 하나님은 생명, 사랑이시기 때문이다.

조창인 이라는 소설가의 책 '가시고기'가 있다. 작가는 그 소설에서 한 아버지의 순수하고 애틋한 '부성'을 그리고 있다. 백혈병으로 고통당하고 있는 아들을 바라보고 있는 아버지, 그 아버지는 아들의 고통을 자신의 고통으로 받아들이면서, 그 아들을 위해 무엇이든지 대신할 수 있는 것이 있다면, 무엇이든지 대신할 수 있겠는데, 그렇지 못해 안타까워하는 순수한 아버지의 부성애를 그려 놓았다. '이 작품에서 그러한 아버지의 사랑을 "먹지도 잠자지도 않고 새끼를 돌보는 가시고기"로 상징화'하고 있다. 백혈병으로 고통당하는 아들과 아버지를 맺어주는 본질적인 힘이 무엇인가? 그것은 경제적 이해관계, 명예심도 아니다. 그것은 오직 아버지의 사랑이다.

최근에 상하고, 왜곡된 부성에 길들여져 있는 사람들에게 하나님에 대해 아버지라는 호칭은 잘 이해가 안 될 것이다. 오히려 부정적인 아버지 상 때문에 아버지라는 호칭은 하나님을 가까이 하는데 큰 걸림돌이 될 수도 있다. 그러나 반대로 왜곡된 아버지 상으로 고통당하고 있는 사람의 경우 하나님 안에서 참 아버지를 발견할 수 있을 것이다. 그러면 '하나님이 자신의 부성을 극명하게 드러내신 자리가 어디인가'하는 것이다. 그것은 '십자가와 부활'이다. 여기에서 드러내신 하나님 아버지의 부성(Fatherhood)은 다음의 몇 가지로 요약해 볼 수 있다.

첫째, 친밀감이다. 독일의 신학자 요아킴 예레미아스는 예수님이 하나님을 '아바(Abba)'라고 부르신 호칭의 기원을 연구해 보았다. 연구 결과 그러한 호칭은 옛날 아람 사람의 가정에서 아주 천진난만한 어린 아이들이 아버지를 부를 때 사용했던 호칭임을 찾아냈다. 어린 아이들이 '아바'라고 부를 때 거기에는 그 어떤 서먹서먹한 거리감, 이질감도 없다. 아주 가까운 관계인 것이다. 십자가에서 자신을 드러내신 하나님은 우리에게 매우 가깝게 계시는 분이다. 그는 우리에 대해 조금도 거리감을 갖지 않으신다. 그분은 존경과 경외의 대상이면서 우리에게는 아주 친밀하신 분이다.

두 번째, 아버지 하나님은 인간에게 요구만 하시는 분이 아니라 주시는 분이다. 그가 우리에게 주시는 것은 자기 자신이다. 대부분 이방 신들은 사람에게 공포와 두려움의 대상이면서 많은 것을 요구한다. 하나님은 그러한 '신'이 아니다. 하나님은 우리에게 필요한 것을 주시는 분이다. 우리가 때때로 그분으로 인해 이미 가진 것을 포기할 때도 있지만 그것은 어디까지나 더 좋은 것을 담기 위한 포기이지 강요는 아니다.

셋째, 아버지 하나님은 용서하시는 분이다. 그의 용서는 우리를 옛 것에서 해방시켜 주고, 우리의 상한 심령을 치유하고 우리의 심령을 소생시켜 주는 용서다. 그러므로 그의 용서는 용서받은 우리 자신에게만 머물지 않고 이웃에게로 흘러나가게 하는 용서이다. 이웃에 대해 닫힌 마음을 열게 하는 용서, 우리 자신을 받아들이게 하는 용서, 다른 사람에게 긍휼을 베풀게 하는 용서이다. 그분의 용서는 새 삶을 만들어 가는 용서인 것이다.

넷째, 아버지 하나님은 우리를 찾고 계시는 분이시다. 십자가에서 아버지는 자신이 우리를 찾고 계시는 분이심을 드러내셨다. 십자가에서 아버지로 부터 도망하여 숨어버린 인간을 찾고 계시는 하나님 아버지를 만나게 된다.

다섯째, 십자가에서 우주적이면서 지극히 개인적인 아버지를 만나게 된다. 십자가에서 우리가 만날 수 있는 아버지는 세상 전체를 사랑하시면서 세상에 있는 자녀 한 사람 한 사람에 대해 깊은 관심을 가지고 얼굴과 눈을 마주 대해 바라보시는 아버지이시다. 예수께서는 이 자상한 아버지에 대해 이렇게 소개해 주셨다.

"참새 두 마리가 한 앗사리온에 팔리지 않느냐 그러나 너희 아버지께서 허락하지 아니하시면 그 하나도 땅에 떨어지지 아니하리라. 너희에게는 머리털까지 다 세신바 되었나니"(마태복음 10장 29절-30절)

이 말씀은 아주 세심한 아버지의 사랑, 돌보시는 아버지의 관심을 표현한 것이다. 마지막으로, 하나님이 우리의 아버지시라는 것은 우리의 생명의 기원, 원천, 목적이 '그분으로 부터 왔다'는 것이다. 우리의 육신의 아버지가 있기 때문에, 우리가 세상에 태어났다. 그러나 생명은 육신의 아버지가 준 것이 아니다. 그것은 아버지 하나님으로부터 왔다. 이 아버지는 전능하신 분이다. 우리는 하나님이 전능하신 분이라는 데 대해, 그 전능의 뜻을 마술적 힘, 분노와 의분의 힘, 강압적이고 파괴적인 힘으로 이해한 때가 있니다. 그래서 아버지에 대해 원망도 많이 했다. "아버지 당신은 전능하신 분이신데, 왜 나에게 있는 이러한 고통을 그대로 방관하십니까? 당신은 너무 무능하지 않습니까? 하나님은 당신은 전능하신 분이신데 나쁜 사람들을 왜 한꺼번에 때려 부수지 않으십니까? 전능하신 아버지는 제가 고통스러워 할때 너무 침묵만 하고 계셨습니다." 그러나 십자가와 부활에서 보여주신 아버지의 전능은 저의 이해와는 너무 다른 것이다. 거기에 나타난 아버지의 전능은 악한 사람을 때려 부수는 전능이 아니라 그들을 용서하시는 전능이다.

갈보리 언덕 위에서 드러낸 아버지의 전능은 저의 고통을 무엇이나 없애 주시는 전능이 아니라 그것을 받아들이게 하고 죄를 회개하게 하고, 온전한 사람으로 치유해 가는 전능이다. 한 걸음 더 나아가서 아버지의 전능은 우리를 폭력, 증오, 파괴부터 해방 시키고 새로운 미래를 내다보게 하는 전능이다. 폭력, 증오는 전능이 아니라 약함, 비열함, 열등감이다. 아버지의 전능은 그러한 전능이 아니다. 아버지의 전능은 파괴적이며 냉혹한 삶의 방식을 추구하게 하는 전능이 아니다. 아버지의 전능은 체념, 운명론, 절망으로부터 동터오는 새로운 희망의 아침을 보게 하는 전능이다.

아버지의 전능은 타락한 세상을 포기하고, 단념하는 것이 아니라, 이 세상을 받아들이고, 타락했음에도 불구하고 세상을 보존하시고, 유지해 가는 전능이시다. 우리가 전능한 아버지를 가까이에서 이해해 갈수록, 조급함, 과격, 흥분에서 벗어나게 되고, 인내, 소망 안에서 살게 된다.

우리 아버지는 전능하신 분이라고 믿는 자녀들은 그 누구보다도 아버지의 전능이 무엇임을 잘 알고 있기 때문에 그 전능하심에 자신을 위탁하게 된다. 전능하신 아버지를 믿는 사람은 환상, 영웅심에 사로잡혀 살지 않는다. 그들은 생에 있어서 진지하다. 끈기가 있다. 그리고 단호하고 확고하다. 왜? 아버지가 전능하신 분이심을 믿고 고백하기 때문이다. '우리가 전능하신 아버지 하나님을 믿습니다. 아멘'하는 것은 우리의 아버지가 그러한 전능자이시기 때문에 아-멘 하는 것이다. 만약 전능하신 아버지가 히틀러나 변덕스러운 마술사라고 할 때 우리는 아-멘 할수 없다. 우리가 일상적인 삶에서 우리의 믿음의 관점을 매 순간을 바르게 세워 가면, 이 전능하신 아버지를 보다 진지하게 대면해 갈 수 있다. 거기서 '나는 전능하신 아버지 하나님을 믿습니다. 아-멘' 하게 된다.

유대인들이 예수를 빌라도에게로 데리고 와서 십자가에 못 박도록 강요했을 때, 빌라도는 최종적으로 예수를 군중들 앞에 세우고 "보라 이 사람을"(Ecce homo)이라는 유명한 말을 남겼다.

"이 사람을 보라." 이 말을 다른 말로 바꾸어 표현하면 "이 아버지를 보라." "너희들의 전능하신 아버지를 보라."이다. 그가 전능하신 분이기 때문에 자기 자녀들의 죄를 걸머지고 십자가에 달리셨다.

"그분을 보라. 그 전능하신 분은 죄와 죽음의 권세를 이기시고 부활하셨다. 전능하신 아버지를 보라."(요한복음 19장 4절)

사도 요한은 이 아버지는 사랑이시라고 증언한다. '사랑에 묶여 있는 전능하신 아버지를 보라.'고 사도는 증언한다. 그 아버지는 사랑의 한계 가운데서 전능한 일을 이루어 가시는 분이시다. 전능하신 아버지 하나님은 사랑이시기 때문에 파괴와 분열이 아닌 지속적인 창조를 이루어 가신다. 그분은 세상을 창조하셨고, 죄를 범한 인류에게 파멸이 아닌 다시 사는 영생의 길을 마련해 주셨다. 사도 요한은 이 전능하신 아버지의 자녀들은 아버지를 닮아가야 한다고 했다. 아버지를 닮는 길이 서로 사랑하는 일입이다. 사도 요한은 이렇게 말씀하신다.

"7. 사랑하는 자들아 우리가 서로 사랑하자 사랑은 하나님께 속한 것이니 사랑하는 자마다 하나님으로부터 나서 하나님을 알고 8. 사랑하지 아니하는 자는 하나님을 알지 못하나니 이는 하나님은 사랑이심이라 9. 하나님의 사랑이 우리에게 이렇게 나타난 바 되었으니 하나님이 자기의 독생자를 세상에 보내심은 그로 말미암아 우리를 살리려 하심이라 10. 사랑은 여기 있으니 우리가 하나님을 사랑한 것이 아니요 하나님이 우리를 사랑하사 우리 죄를 속하기 위하여 화목제물로 그 아들을 보내셨음이라 11. 사랑하는 자들아 하나님이 이같이 우리를 사랑하셨은즉 우리도 서로 사랑하는 것이 마땅하도다 12. 어느 때나 하나님을 본 사람이 없으되 만일 우리가 서로 사랑하면 하나님이 우리 안에 거하시고 그의 사랑이 우리 안에 온전히 이루어지느니라 13. 그의 성령을 우리에게 주시므로 우리가 그 안에 거하고 그가 우리 안에 거하시는 줄을 아느니라 14. 아버지가 아들을 세상의 구주로 보내신 것을 우리가 보았고 또 증언하노니"(요한일서 4장 7절-14절)

결론/ 결단 및 행함의 기도

늘 하나님을 아버지라고 고백하면서 세상의 아버지 보다 못하게 의
지하였던 것을 회개합니다. 아버지 하나님의 그 전능하심이 세상이 감
당 못할 그 사랑으로 우리의 삶과 의식과 생각을 지배하게 하시고 그
사랑을 실천하여 진정한 아버지의 전능하심이 우리 몸에 녹아 있는 참
아들 되게 하시고 그러한 하나님의 극진한 사랑을 실현하는 삶에 되어
거룩한 열매들이 맺게 하소서. 예수님의 이름으로 기도합니다. 아멘.

창조주 하나님을 믿습니다.

—

본문: 창세기 1장 1절-5절

1. 태초에 하나님이 천지를 창조하시니라 2. 땅이 혼돈하고 공허하며 흑암이 깊음 위에 있고 하나님의 영은 수면 위에 운행하시니라 3. 하나님이 이르시되 빛이 있으라 하시니 빛이 있었고 4. 빛이 하나님이 보시기에 좋았더라 하나님이 빛과 어둠을 나누사 5. 하나님이 빛을 낮이라 부르시고 어둠을 밤이라 부르시니라 저녁이 되고 아침이 되니 이는 첫째 날이니라

서론/마음열기 및 예화: 닭? 계란?

초등학생 둘이서 「닭이 먼저냐 계란이 먼저냐?」를 두고 말싸움이 벌어졌다. 닭이 먼저야. 닭이 있어야 알을 낳지. 알이 없는데 닭이 어떻게 생기니? 바보야, 닭이 없는데 누가 알을 낳니? 실컷 싸우다 교회 집사님인 한 친구의 엄마에게 왔다. 엄마가 두 아이에게 물었다. 엄마가 먼저일까? 아기가 먼저일까? 어미 새가 먼저일까? 새끼 새가 먼저일까? 의외로 결론은 쉽게 판정이 납니다. 엄마가 먼저지요. 어미 새가 먼저지요.(기독교 예화중에서)

나눔 질문

'결과'에는 반드시 그 '원인'이 있다. 우리는 이것을 철학 용어로 인과론이라고 한다. 그 인과론의 끝에 원인 중에 원인이 분명이 있기 때문이다. 원인 끝의 원인으로 지금 생겨난 우리들의 존재이다. 모든 결과를 우리의 지식과 지혜로는 설명 못할 원인들이 있다. 이 부분에 대해서 어떻게 생각하는지 서로 나눠 보자.

하나님께서 우리에게 삶을 연장시켜 주셔서 우리는 지금 2024년을 살아간다. 곧 2025년이 온다. 그때까지 꼭 생존하시길 바란다. 하나님은 우리를 이 땅에서 코로 숨 쉬며 하나님을 찬양하며 살도록 허락하셨다. 이것이 하나님의 얼마나 섬세한 배려인지 아는가?

공기 중에는 21%의 산소와 79%의 질소 그리고 미량의 탄산가스 등 기타 요소들이 있다. 우리는 숨 쉬며 산소를 마시며 산다. 이 산소는 우리 몸에 들어가 온기를 만들고 피를 깨끗하게 한다. 이토록 좋은 산소이지만 지금보다 조금만 더 많으면 온 세상은 화재로 불바다가 될 것이다. 반대로 질소가 조금만 더 많으면 동물들은 숨을 쉴 수 없어 살수가 없다. 오늘을 콧구멍으로 숨 쉬며 살게 하신 하나님을 찬양하자! 그러므로 성경의 문이 열리면 엄청난 함성으로 성경은 외친다. 시간과 공간을 만드신 분이 하나님이시라고. "태초에 하나님이 천지를 창조하시니라" 세계 모든 그리스도인들의 공통된 신앙고백인 사도신경 또한 하나님의 창조주 되심에 대한 신앙고백으로 시작한다.

"나는 전능하신 아버지 하나님, 천지의 창조주를 믿습니다"

아쉽게도 이 고백을 우리말로 번역하면 원문의 생동감을 다 느낄수가 없다. 원문은 이렇게 되어 있다.

"나는 하나님을 믿습니다. 전능하신 아버지로, 그리고 천지를 만드신 창조주로"

I believe in! 대뜸 나는 믿습니다. 라고 외친다.

신앙고백의 시작이 단백하고 장엄하다. 성경은 물론 과학 교과서가 아니라 구속사이다. 그러나 구원론은 창조론이 없다면 구원의 출발도 구원의 완성도 있을 수 없다. 만약 세상이 하나님이 아닌 어떤 다른 누가 만들고 그의 통치 아래 있다면 하나님은 우리의 구세주가 될 수 없다.

'이 천지 우주 만물이 어떻게 생겼는가?'라는 문제를 두고 "천지가 저절로 생겨났다"라고 주장하면 진화론이 된다. "하나님이 만드셨다"라고 하면 창조론이 된다. "누가 만들었는지 모른다."라고 하면 무신론이 된다. 이 싸움은 영적인 전쟁이다. 창조의 문제는 과거와 현재와 미래의 역사의 주인이 누구냐의 문제이다.

[생명 창조]

가령, 수천 년 후 과학자들이 흙으로 사람을 만들 수 있게 되었다. 그래서 하나님께 도전장을 냈다. '하나님, 우리도 이제 흙으로 사람을 만들 수 있습니다. 하나님 보다 더 멋진 사람을 만들어 낼 것입니다.' 그래서 하나님과 내기를 했다. 하나님이 흙으로 사람을 척척 만들고 계셨다. 과학자들도 흙으로 사람을 척척 만들자 하나님께서 과학자들에게 말씀하셨다.

"이놈들아, 너희가 만든 흙을 쓸 일이지 왜 내가 만든 흙을 쓰고 있어?" 그래서 과학자들이 포기를 했다는 것이다. 우스꽝스런 가정이지만 이게 사람의 현실이다. 진화론은 여기에 갇혀 있는 것이다.

진화론은 어떻게 무에서 유가 있었는가? 에 대한 대답이 전혀 없다. 나아가 무기체가 어떻게 유기체가 되었는지, 유기체가 어떻게 인격체 즉 인간이 되었는지 영원히 대답할 수가 없다.

과학은 하나님이 만든 우주의 원리 가운데 손톱만큼을 발견하고 이제는 하나님 없이도 우주의 원리를 설명할 수 있다고 한다. 이는 마치 어린아이 하나가 바닷가에 가서 조개 껍질을 하나 주워들고 "이제는 내가 바닷물을 다 퍼낼 수 있을 거야" 큰소리치는 것과 다를 바가 없는 것이다. 사실 과학은 하나님의 신비인 인간의 몸 하나도 완전히 알지 못하여 아직 많은 병의 원인조차 알지 못하고 있지 않은가?

베이컨이 참 재미있는 말을 했습니다. "서툰 과학은 사람을 하나님으로부터 멀어지게 한다. 그러나 제대로 된 과학은 인간을 하나님께로 돌아가게 해 준다." 하나님이 만든 이 우주를 한번 보자. 우리가 살고 있는 지구의 무게는 6조 톤의 10억 배 정도 된다. 태양은 지구의 150만 배 정도 된다. '안타레스별'은 태양의 6천 400만 배가 더 크다. 우주 가운데 이런 별들이 10x10009 정도 존재한다.

어느 정도 되느냐? 전 세계 바닷가에 가서 널려져 있는 모래알만큼 하늘에 별이 있다. 이 어마어마한 별들이 오차가 없이 운행되고 있다.

지구는 시속 1,650km의 속도로 자전하면서 시속 108,980km의 속도로 365일 5시간 49분 만에 태양을 한 바퀴 돈다. 달은 시속 4,752km로 29일 12시간 만에 지구를 한 바퀴 돈다. 만약 지구나 달의 속도, 회전속도, 각도에 0.1mm라도 차질이 생기면 지구는 그날로 멸망한다.

자동차 몇 대만 길거리에 왔다 갔다 하더라도 사고 나기가 십상인데 이 어마어마한 우주가 조금도 오차 없이 운행되고 있다. 하나님 없이 이해가 될 수 있을까? 하나님을 제외하고 설명할 수 있을까? 어릴 때 별똥별을 많이 보았다. 가끔 별들이 지구로 떨어지지만 지구에 도달하기 전에 공기와 부딪혀 불빛 재가 되어 사고가 나지 않는다. 진화론자들은 우주가 우연한 폭발에 의해서 만들어졌다고 주장하고 있다. 이 주장은 마치 이런 논리와 같습니다.

얼마 지나지 않아서 공장에서 하는 일을 로봇이 하는 날이 올 것이다. 전쟁을 하더라도 사람들은 뒤에서 조종만 하고 로봇들이 현장에 나가서 싸움을 하는 날이 오게 될 것이다. 전쟁이 일어났다. 지구에 화학전이 일어나게 될 것이다. 생명을 가진 모든 생명체는 동물이든 식물이든 다 씨가 말라 죽을 것이다. 로봇만 남았다. 세월이 흐르고 흐른 다음에 로봇들이 우리가 어떻게 만들어졌지? 설명해 줄 사람이 없다. 그래서 자기들이 연구를 해 보았다. 자기 몸을 분석해 보니까 납도 있고 철도 있고 구리도 있고 아연도 있고 인도 있는 것이다. 땅을 조사해 보니 땅에 똑같은 성분들이 있으니, 땅에 있는 것들이 어느 날 자기들끼리 폭발을 하면서 우리 같은 로봇들이 만들어졌다. 이렇게 주장하는 것과 조금도 다를 게 없다. 이 어리석은 로봇들의 주장과 오늘 진화론자들의 주장과 무엇이 다를 바가 있을까? (한동대학교 총장 김영길 박사)

[간단 정리]
진화론적 세계관과 창조론적 세계관의 차이

진화 : 사람으로부터 시작 – 원인 : 사람의 생각
창조 : 하나님으로부터 시작 – 원인 : 하나님.

미국의 생물학자 애드윈 코클린 교수는 진화론의 허구성을 이렇게 꼬집는다. "인쇄소가 폭발한 결과 아무런 원고도 없었는데 갑자기 대영백과사전이 만들어지고 제본 되어져 세상에 나왔다"고 하는 것과 조금도 다를 바 없다.

물리학자인 한동대학교 김영길 총장의 이야기를 조금 더 해 보면, 우주의 모든 생물체는 아미노산으로 되어 있다. 아미노산이 가장 작은 단백질을 형성할 수 있는 확률은 10의 130승분의 1, 단백질이 가장 작은 생명체 하나를 만들 수 있는 확률은 10의 1,676,260승분의 1

이다. 즉 무한대 분의 일, 무한대 분의 일은 불능, 불가능이다.

무슨 말인가? 지구가 수억 년이 지나도 생명이 우연히 만들어질 수 있는 확률은 제로(O), 즉 있을 수 없는 일이라는 것이다. 진화론자들이 종에서 종으로의 변이가 가능할까? 160명의 진화론자들이 시카고 박물관에 모여서 연구를 했다. 그들의 결론인 즉 종에서 종으로의 변이는 불가능하다는 것이다. 진화론자들이 진화를 주장하는 가장 큰 근거가 화석이다. 그렇다면 중간 단계의 화석이 쏟아져 나와야 한다. 그런데 중간단계의 화석이 발견되지 않고 있다.

시조새가 있는데 파충류와 조류의 중간이 아니라 철저하게 조류였다. 5억 년이 되었다는 바퀴벌레의 화석, 5천만 년이 되었다는 박쥐의 화석은 오늘날의 바퀴벌레와 박쥐와 조금도 다를 바가 없다. 유인원 가운데 직립 보행 무릎뼈가 발견된 화석은 하나도 없다. 비스듬하게 서 있는 게 하나 있었다. 나중에 알고 보니 무릎 장애를 앓고 있는 원숭이였다. 진화는 퇴보가 없어야 한다. 지금도 계속되어야 한다. 그렇다면 아프리카의 원숭이가 동물원의 원숭이가 어느 날 보니까 사람으로 바뀌어졌다. 그러니 "나 주민등록증 좀 주시오"라고 신고한 적이 역사상 한 번도 없다는 것은 놀라운 일 아닌가?

이런 터무니없는 진화론이 과학뿐만 아니라 우리의 생각 속에, 우리 사회 속에, 이 우주 속에 가득히 넘치고 있다고 하는 데 문제가 있다는 것이다. 그래서 1980년대부터는 미국의 대부분의 주에서는 진

사도신경 30일 묵상 CREDO

화론과 창조론을 함께 가르치고 있다. 이 창조론의 과학적 설명인 모든 생명체는 설계도에 따라 만들어졌다는 지적 설계론을 인정한 '샌토럼 법안'에 사인을 한 사람은 43대 조지 부시 대통령이다. 하나님이 시간과 공간 - 즉 천지를 만드셨다는 신앙고백은 단순히 과학의 문제가 아니다. 인생관, 역사관, 종말론, 가치관의 문제이다.

[재미있는 창조 신비]

서로 사랑 출판사에서 나온 「닭이 먼저냐? 알이 먼저냐?」라는 50쪽쯤 되는 작은 책자에 퍽 재미있는 얘기들이 나온다.

강과 바다 그리고 호수엔 수많은 종류의 물고기들과 생물들이 산다. 생식 철이 되면 암컷은 난자를 배출하고 수컷은 정자를 배출하여 강과 바다는 수천억의 난자, 정자 천지가 된다. 이것들이 서로 짝짓기를 하는데 잉어의 난자와 붕어의 정자가 만나 잉붕어가 나오고 개구리의 정자와 두꺼비의 난자가 만나 개꺼비가 나올 만도 한데 인류역사상 단 한 번도 이런 일이 없다. 왜요? 하나님께서 모든 생물을 그 종류대로 만드셨기 때이다. 과학에서는 이것을 '성 페로몬'의 원리라고 한다. 같은 종류끼리만 통하는 생식호르몬이 있기 때문이라는 것이다.

여러분 손바닥 발바닥은 두꺼운 재질의 살로 만들어졌고 손가락 마디엔 주름이 잡혀 있어 오므릴 수 있게 된 것, 이것이 우연히 그렇게 되었을까? 음식물을 씹을 때 턱의 근육은 무게 80kg의 힘을 만든다. 이 힘은 너무 강해 윗니와 아랫니가 정면충돌할 때 서로 부서질 수 있다. 그러나 치아 밑엔 고성능 압력탐지기능이 내장돼 있어서 이런 충돌을 막아 준다. 이 탐지기는 음식을 씹을 때 음식만 씹고 혀를 씹어 먹지 않도록 도와주기도 한다. 이것은 창조의 신비다. 우리 몸의 세포는 100조 개 정도이다. 이 세포 하나의 크기는 가장 가는 샤프 펜으로 살짝 점을 찍은 것보다 작다. 이 세포는 23쌍의 염색체 또 그 속엔 DNA 유전자가 들어 있다.

1번 염색체에는 생명정보
6번 염색체에는 지능정보
7번 염색체에는 본능정보
9번 염색체에는 질병정보
17번 염색체에는 죽음
22번 염색체에는 자유의지
23번 염색체에는 성행위 정보가 각각 수록되어 있다.

여기 점하나 찍은 세포 하나 속에 10억 개의 단어, 대형백과사전보다 더 많은 정보량이 수록되어 있다. 이 신비를 하나님 없는 무신론이나 진화론으로 설명할 수 있을까?
「태초에 하나님이 천지를 창조하시니라」
「나는 믿습니다, 하나님께서 이 천지를 창조하신 것을-」
「하나님이 나의 아버지 주인이십니다.」
「그 하나님은 지금도 살아계십니다」
「2024년 그 하나님이 나를 지켜주십니다」

[창조 신앙]
이 창조 신앙이 우리에게 가르쳐 주는 진리가 무엇일까? 무엇을 경험하기를 원할까?

1) 역사의 주어는 하나님이시다.
  세상의 주어는 하나님이시다.

성경의 주어는 하나님이라는 것이다. 내 인생은 나의 것이 아니다. 하나님의 것이다. 때문에 인생은 성공보다 중요한 것이 하나님을 아는 것이요, 하나님을 경험하는 것이다. 내 소원이 이루어지는 것보다 훨씬 더 중요한 것은 하나님의 뜻이 이루어지고 성취되는 것이다. 역사의 중심축은 하나님이시다. 자기가 자기 인생의 주인인 줄 알고 진화론적인 사고방식을 가진 사람들은 조금만 더 알게 되면 남들보다 조금만 더 가지게 되면 남들보다 조금 더 높은 자리에 올라가게 되면 하나님이 되어 보려고 하는 것이다. 다른 사람을 무시하게 된다.

하나님은 연구 대상이나 세미나 대상이 아니다. 찬양과 경배의 대상이 될 뿐이다. 그분 앞에 무릎 꿇을 때에 그분을 경험할 수 있는 것이다. 우리는 무조건 믿기로 결단할 때에 그분이 보이기 시작하는 것이다. 내 인생이 나의 것이고 역사의 주인이 인간이라고 생각할 때에 무신론자가 되어버리고 마는 것이다. 하나님이 주인이시다. 성경에 주어는 하나님이다. 내 인생의 주인은 하나님이다.

2) 태초에

태초에 하나님이 천지를 창조했다? 태초가 무엇일까? 시간이 없던 때에 시간과 공간을 만드신 분이 하나님이시다. 때문에 시간을 어떻게 사용할까? 하나님께서 내게 주신 공간, 내 삶의 어떻게 쓸 것인가? 이것이 신앙인과 비신앙인을 구별되게 한다. 모든 것이 하나님의 것이요, 하나님이 주신 것이요, 하나님의 선물이다.

2024년 내 삶의 환경도 하나님으로부터 빌려서 쓰는 것이다. 시간도 어떤 분들은 짧은 시간을 빌려서 쓰고 하나님께 돌아간다. 어떤 분들은 긴 시간을 하나님으로부터 빌려 쓰고 하나님께 돌아간다. 하나님께 빌려 쓰는 시간을 어떻게 쓸 것인가? 이것이 하나님 앞에 섰을 때 심판의 바로미터(척도)가 되는 것이다.

만물의 소유권이 하나님께 있다. 만물의 관리권이 하나님께 있다. 만물의 치유권이 하나님께 있다. 만물의 심판권이 하나님께 있다. 여러분의 인생 살아가다가 어떤 문제에 부딪힐 수 있을 것이다. 그 문제를 해결해 주실 분이 하나님이다. 인생 살아가다가 상처받고 고통과 질병 가운데 빠질 경우가 있을 것이다. 치유권이 하나님께 있음을 믿으시기 바란다.

3) 함께 살아가는 삶

진화론이 아니라 창조 신앙을 지켜야 할 또 다른 이유가 있다. 오늘날 우리가 왜 진화론을 거부하고 창조 신앙을 지켜나가야 되는 것인가? 진화론의 우주의 운행의 원리는 적자생존(The Survival of the Fittest) 이다.

리챠드 도킨슨이 출판한 "이기적 유전자"(The Selfish Gene)에서 인간과 모든 생물들은 이기적 유전자를 가지고 있는데 그것을 가지고 경쟁을 하게 된다고 한다. 경쟁에서 이긴 자들이 독식하고 경쟁에서 진 자들은 도태되어야 마땅하고 그것이 당연하다는 것이다. 그래서 강한 유전자를 가진 민족이 약한 유전자를 가진 민족을 삼키더라도 조금도 잘못된 것이 없다는 것이다. 일제가 한국을 점령할 수 있었던 근거가 진화론적인 사고방식이다. 일제 때 독도정보를 자기들에게 유리하게 만들어 놓고 독도를 자기네 땅이라고 우기는 게 진화론적 망상이다.

오늘도 더 많이 가진 자들이 약자들을 괴롭히는 것 진화론적인 사고방식이다. 하나님 그렇게 만들지 않았다. 하나님은 온 우주를 '블루오션'으로 만드셨다. 나는 나로서의 생명의 가치가 있고 내가 살아갈 삶의 원리가 있는 것이다. 그러나 진화론자들은 이 우주를 '레드오션'으로 만들어 버렸다. 피 터지게 경쟁해서 이긴 자들만 살아 남는 다는 것이다. 그러나 성경은 뭐라고 얘기하고 있는가?

"태초에 하나님이 천지를 창조하시니라"(창세기 1장 1절)

"하나님이 지으신 그 모든 것을 보시니 보시기에 심히 좋았더라"(창세기 1장 31절) 온 우주는 하나님의 목적이 있고 계획이 있고 뜻이 있어서 만드셨다는 것이다. 우리 가정에 눈이 없고 귀가 없고 입이 없고 손이 없고 발이 없는 장애우가 태어났다 할지라도 나는 이해가 안 되지만 나는 용납이 안 되지만 나는 받아들일 수 없지만 내 삶에 환경에 어려움이 있고 문제가 있다 할지라도 나는 받아들이지 않지만 거기에 분명한 하나님의 계획과 목적과 경륜과 뜻이 있음을 믿어야 한다. 하나님이 만든 우주 만물 가운데 버릴 것 하나도 없다. 잘못된 것 하나도 없다. 하나님이 보시기에 심히 좋았더라. 모든 생명체는 하나님의 작품이다. 아무리 하찮아 보여도 하나님이 만든 것이다.

이 세상에 존재하는 것들은 그 존재 자체로 귀한 것이다. 백인들은 더 귀하고 흑인들은 덜 귀하고가 아니다. 황인도 귀하고 흑인도 귀하고 백인도 모두 귀한 것이다. 더 가진 자들이 귀하고 덜 가진 자들이 덜 귀한 것이 아니다. 모두가 하나님 앞에 소중한 존재들이다. 아무리 많이 배워도 못 배운 자와 동일하게 모두 다 소중하다. 심지어는 장애인도 소경도 귀하다. 죄를 짓고 교도소에 있는 모든 사람들도 하나님 앞에 소중한 존재들이다. 하물며 온 천하에 사랑할 대상이라고는 하나밖에 없는 당신, 예수 그리스도를 죽이고 살리신 당신, 하나님의 자녀들, 얼마나 하나님의 소중한 자녀인가? 예수님하고 맞바꾼 존재들이다. 우리 모두는 소중한 존재들이다. 내가 그만큼 소중한 존재이듯이 내 곁에 있는 모든 사람들, 모든 피조물, 그리고 저 보기 흉한 벌레 한 마리도 소중한 것이다. 하나님이 만드셨기 때문이다.

[맺으며]

창세기 1장 1절 "태초에 하나님이 천지를 창조하시니라" 이 말씀을 믿으면 성경은 여러분 앞에 문이 열리기 시작할 것이다. 은혜의 세계는 문이 열리기 시작할 것이다. 모든 기적의 사건은 여러분에게 다가오게 될 것이다. 하나님이 주인이시다. 우리 시대에 목적 없는 허무주의, 진화론으로부터 자유로워야 한다. 창조 신앙. 시간과 공간을 만드신 분이 하나님이시다. 하루를 살아도 그 가운데 목적이 있다.

내 삶의 모든 환경, 공간 가운데 하나님의 계획이 있다. 나 혼자 잘 먹고 잘 살기 위해서 만든 것이 아니다. 더불어 우리가 함께 잘 살기 위해서 믿음이 더 좋은 사람은 믿음이 약한 사람들을 잘 도와줘야 한다. 그것이 창조 신앙이다. 좀 더 가진 사람들은 가지지 못한 사람들을 불쌍히 여기고 긍휼이 여기고 좀 더 베풀어야 한다. 이것이 창조 신앙이다. 선한 계획과 목적과 꿈을 가져야 한다. 꿈을 잃어버렸다고 말하지 말라. 하나님의 놀라운 계획과 꿈이 우리에게 있다.

"태초에 하나님이 천지를 창조하시니라." 만물이 만들어지기 전에 하나님은 나를 계획하셨고 할 일 많은 이 땅에 보내주셨다. 하나님이 여러분을 이 땅에 보내주신 것이다. 그 선한 계획과 꿈과 목적을 따라 살아갑시다. 그것이 창조신앙이다.

결론 / 결단 및 행함의 기도

주님, 과학주의 사고방식에 물들어 있는 우리의 삶과 우리 다음 세대들을 불쌍히 여겨 주시고 하나님으로부터 시작하는 온전한 지혜로 지혜롭고 합리적인 과학이 되게 하시며 그것을 통해서 하나님을 발견하는 자리로 나가도록 인도하여 주시옵소서 예수님의 이름으로 기도합니다. 아멘

아버지 하나님(1)

본문: 로마서 8장 14절-15절

14. 무릇 하나님의 영으로 인도함을 받는 사람은 곧 하나님의 아들이라
15. 너희는 다시 무서워하는 종의 영을 받지 아니하고 양자의 영을 받았으므로 우리가 아빠 아버지라고 부르짖느니라

서론 / 마음 열기 및 예화 : 발바닥 사랑

　　너무도 유명한 탕자의 비유에는 우리가 의식하지 못하고 넘어가는 곳이 있는데, 그 부분이 바로 비유의 백미라 할 수 있다. 비유에 등장하는 아버지는 아들이 타국에서 돌아오는 것을 기다리고 섰다가, 아들이 돌아오는 모습이 눈에 띄자 먼 거리를 달려가 안아 주었다. (누가복음 15장 20절) 그런데 팔레스타인 지역에서는 어른이 '달려간다'라는 표현을 들을 수 없다. 남자 성인 유대인이 발목이나 발바닥을 드러내 보이는 것은 상상할 수도 없는 일이었기 때문이다. 발바닥을 드러내 보이는 행동은 주변 사람들을 모욕하는 것에 불과하였다. 지금도 정통 유대인들은 상대방이 다리를 꼬고 앉으면 자신들을 모욕한 것으로 간주하고 자리를 뜬다. 따라서 예수님이 어느 아버지가 제 아들을 알아보고서 달려가 그를 맞이했다고 하신 말씀은, 아들을 위해서라면 자신의 체면을 포기하는 것은 물론 남의 손가락질까지도 감수하겠다는 아들에 대해서 오직 사랑밖에 없는 아버지의 모습을 묘사하고 있다. (예화 창고, 한태완)

나눔 질문

여러분이 생각하는 가장 감동적인 아버지의 모습은 어떠한가?

우리는 사도신경을 묵상하면서 '성부' 하나님에 대한 고백을 살펴보고 있다. "전능하사 천지를 만드신 하나님 아버지를 내가 믿사오며" 하나님은 전능하신 분이시다. 하나님은 어디에나 계시고, 무엇이든 아시고, 모든 것을 하실 수 있는 분이시다. 그 전능성은 창조를 통해 온전히 드러난다. 하나님은 무에서 유를 창조하신 분이시다. 모든 존재하는 것의 근원이시고, 모든 질서와 역사의 주관자이시다. 그래서 하나님은 자신을 토기장이에 비유하셨다. 토기장이가 자기 의견에 좋은 대로 그릇을 만드는 것과 같이 하나님은 무엇이든 자기 뜻대로 만들고 부술 수 있다. "그러나 여호와여, 이제 주는 우리 아버지시니이다 우리는 진흙이요 주는 토기장이시니 우리는 다 주의 손으로 지으신 것이니이다"(이사야 64장 8절) '여호와께로부터 예레미야에게 임한 말씀에 이르시되, 너는 일어나 토기장이의 집으로 내려가라 내가 거기에서 내 말을 네게 들려주리라 하시기로, 내가 토기장이의 집으로 내려가서 본즉 그가 녹로로 일을 하는데, 진흙으로 만든 그릇이 토기장이의 손에서 터지매 그가 그것으로 자기 의견에 좋은 대로 다른 그릇을 만들더라' (예레미야 18장 1절-4절)

[하나님은 사랑이시라]

그러나 하나님은 전지전능하시고, '토기장이'처럼 무엇이든 자기 뜻대로 만들거나 부수실 수 있는 분이시지만 아무렇게나 행하시지 않는 분이다. 왜냐하면 하나님은 '사랑'이시기 때문입니다(요한일서 4장 8절). 하나님에게 있어서 사랑은 소유물이 아니라 자신의 본질이다. 소유물은 내버리거나 잃어버릴 수 있지만 본질은 그럴 수가 없듯이, 사랑은 영원히 변할 수 없는 하나님의 속성이시다. 하나님의 사랑이 인류에게 공개적이고도 확실하게 드러난 것이 예수 그리스도의 대속적 십자가 사건이다.

"하나님의 사랑이 우리에게 이렇게 나타난바 되었으니 하나님이 자기의 독생자를 세상에 보내심은 저로 말미암아 우리를 살리려 하심이라. 사랑은 여기 있으니 우리가 하나님을 사랑한 것이 아니요, 오직 하나님이 우리를 사랑하사 우리 죄를 위하여 화목제로 그 아들을 보내셨음이니라." (요한일서 4장 9절-10절) 죄로 인해 영원히 죽어야 할 인류를 살리기 위해 하나님은 자신의 아들을 보내셔서 죗값을 대신 치르게 하실 만큼 사랑하셨다. 하나님은 이처럼 큰 대가를 지불하시면서 우리를 하나님의 자녀로 삼아주셨다. 그러므로 우리는 하나님께 너무도 귀한 존재인 것이다.

[아버지가 되신 하나님]

그 하나님의 사랑을 가장 적절하게 표현한 단어가 '아버지'다. 사도신경은 '하나님 아버지를 내가 믿사오며'라고 고백한다. 그냥 하나님을 믿는다고 하지 않고 '하나님 아버지'를 믿는다고 고백한 것이다. 하나님이 우리의 아버지이심을 강조하여 고백하는 것이다. 사도신경에서 하나님에 대해 아버지라는 호칭을 사용하는 것은 가부장적 권위나, 남성 우월주의에서 나온 것은 아니다. 이것은 어디까지나 인간과 교제를 원하시는 하나님의 속성을 표현하는 것이다. 물론 아버지라고 다 똑같은 아버지는 아닌 것이다. 아버지라는 단어에 이를 갈고 학을 떼는 이들도 있다. 그래서 예수님은 하나님이 어떤 아버지이신지를 비유로 설명하셨다. 그 아버지는 사랑이 충만하신 아버지이시다.

누가복음 15장에 나오는 '탕자를 기다리는 아버지의 비유'에서 예수님은 하늘에 계신 아버지가 어떤 분이신가를 말씀해 주신다. 어떤 아버지에게 아들 형제가 있었다. 작은아들이 아버지에게 가서 자기 몫으로 돌아올 재산을 달라고 요구한다. 아버지는 작은아들의 청을 마지못해 들어준다. 이 아들은 아버지가 돌아가시지도 않았는데, 아버지의 유산을 받아서 아버지의 집을 떠나 먼 곳을 간다. 거기서 그는 방탕한 생활로 아버지로부터 받은 재산을 다 낭비하여 마침내는 한 푼도 남지 않게 된다. 그는 굶어 죽지 않기 위해 남의 집에 종으로 들어가 돼지가 먹는 사료 찌꺼기를 먹으며 목숨을 유지하다가 하루는 떠나온 집에 계실 아버지가 생각이 났다. 그리고 그는 아버지 집에 있었던 그 행복함을 생각하고 집으로 발걸음을 돌린다.

한편 아버지는 아들이 떠난 이후 늘 동구 밖을 보며 집을 나간 아들이 이제나 돌아올까? 저제나 돌아올까? 눈이 빠지게 기다린다. 아버지는 언젠가는 내 아들이 돌아올 것이라는 기대하고 있다. 그리고 어느 날 아버지는 작은아들을 발견한다. 아들은 아직 멀리 있다. 외모도 완전히 달라졌다. 누더기를 입은 상거지였다. 그렇지만 아버지는 아들을 금방 알아보고 돌아오는 아들에게 달려갔다. 냄새나는 아들의 목을 껴안고 키스했다. 종들을 불러서는 "어서 좋은 옷을 꺼내어 아들에게 입히고 반지를 손에 끼우고 신발을 신기라"고 명령한다. 또 다른 종을 불러서는 "아들이 돌아왔으니 송아지를 잡아 잔치를 베풀라"라고 했다. 우리가 믿는 하나님은 바로 탕자와 같은 우리를 사랑하시는 아버지이시다. 하나님의 아버지 되심은 이미 구약의 여러 예언자를 통해 말씀하신 바가 있다. "어리석고 지혜 없는 백성아 여호와께 이같이 보답하느냐 그는 네 아버지시요 너를 지으신 이가 아니시냐 그가 너를 만드시고 너를 세우셨도다."(신명기 32장 6절) "그러나 여호와여, 이제 주는 우리 아버지시니이다 우리는 진흙이요 주는 토기장이시니 우리는 다 주의 손으로 지으신 것이니이다."(이사야 64장 8절)

신약에 와서 먼저 예수님이 말씀하셨다. 주님이 세상에 계실 때 하나님을 '아빠'라고 부르신 것은, 주님이 얼마나 하나님과 친밀한 관계에 있었는지를 잘 보여주고 있다. 그런데 더 의미 있는 것은 주님이 우리에게도 하나님을 '아빠'라고 부르라고 가르쳐 주셨다는 것이다. 마5:48 "그러므로 하늘에 계신 너희 아버지의 온전하심과 같이 너희도 온전하라."(마태복음 5장 48절) 주기도문에는 '하나님'이란 말이 한 번도 나오지 않는다. "하늘에 계신 우리 아버지여"(마태복음 6장 9절)뿐이다. 또한 사도 바울도 예수 그리스도 안에서 하나님이 우리의 아버지 되심을 분명히 확증하였다. 오늘 본문 15절이다. 15절 "너희는 다시 무서워하는 종의 영을 받지 아니하고 양자의 영을 받았으므로 우리가 아빠 아버지라고 부르짖느니라." 사도 바울은 하나님께서 주님을 믿는 모든 성도를 양자로 삼으시고, 그들의 아버지가 되어 주셨다고 말한다. 우리 말 성경에 '아버지'라고 번역된 말은 원래 히브리어 '아바'(Aββα, Abba, ab-bah)라는 말을 번역한 것이다. 그런데 이 '아바'라는 말은 아이들이 아버지를 부르는 애칭인 '아빠'이다. 이처럼 신구약 성경은 한결같이 하나님이 믿는 사람들의 아버지가 되심을 증거하고 있다.

결론 / 결단과 행함의 기도

하나님은 우리에게 아버지이십니다. 그리고 우리의 가장 연약하고 나약한 점까지도 다 덮으시는 하나님이십니다. 아버지 하나님을 그렇게 고백하오니 우리 가운데 오셔서 우리의 진정한 아버지로 인도하여 주소서. 그리하여 그 친밀함의 관계 속에서 하나님의 거룩하심과 복되심을 아버지 하나님의 인격적이고 끝없는 사랑에서 느낄 수 있는 거룩한 아버지의 자녀가 되도록 인도하여 주소서 예수님의 이름으로 기도합니다. 아멘.

7일

아버지 하나님(2)

—

본문: 로마서 8장 16-17절

16. 성령이 친히 우리의 영과 더불어 우리가 하나님의 자녀인 것을 증언하시나니

17. 자녀이면 또한 상속자 곧 하나님의 상속자요 그리스도와 함께 한 상속자니 우리가 그와 함께 영광을 받기 위하여 고난도 함께 받아야 할 것이니라.

서론 / 마음 열기 및 예화 : 자녀의 권세

아버지 집이니까 아들 집이다. 그것이 자녀의 권세이다. 예수님을 믿으면 우리는 하나님의 아들, 하나님의 딸이 된다. 하나님 나라, 하나님의 집이 나의 집이 되고 나의 삶이 되는 것이다. 왜 하나님이 "나를 따르라. 나를 믿으라"라고 하시는가? 하나님 나라를 주고 싶으셔서 그러신다. 자신의 집을 우리에게 상속시켜주고 싶으셔서 그러신다. 천국은 하나님의 나라고, 천국의 열쇠는 다시 말하면 '자녀의 권세'이다. 그 열쇠를 우리에게 주셨다는 것이 무슨 뜻인가? '하나님 나라는 네 나라야. 다 너 주려고 만들었지.' 이렇게 말씀하시는 것이다. 천국의 열쇠를 주시겠다는 것은 천국의 주인이 되게 해주시겠다는 말씀이고, 그것이 곧 자녀의 권세 아니겠는가?

나는 목회를 하면서 집회를 참 많이 다녔는데, 집회 갈 때마다 첫날엔 꼭 요한복음 1장 12, 13절로 설교했다. '자녀의 권세'라는 제목으로 설교했는데, 꼼꼼히 세어보진 않았지만 지금까지 최소 600번은 더 설교한 것 같다. 그 설교에서 사용한 예화인데, 큰아이가 대학에 입학했을 때의 일이다. 큰아이가 포항에 있는 한동대에 입학했는데, 집에서 멀리 떨어져 살아야 하니 갑자기 돈이 떨어지면 당황할 것이 염려되어 신용카드를 주었다. 큰아이가 카드를 사용하면 내 통장에서 돈이 나가는 것이다. 아내는 아이가 아직 어린데 벌써 카드를 주면 어떻게 하냐고 걱정했지만, 나는 '대학생이 됐으면 이제 어른인데 돈 다스릴 줄도 알아야지' 하는 생각에 카드를 주었다. 1년 남짓 아내는 아이가 돈을 어떻게 쓰나 지켜봤다. 그러더니 한 날은 내게 이렇게 말했다. "애가 철이 들었어요. 돈을 꼭 필요한 데 쓰고 허투루 안 써요." 철들었다는 말은 굉장히 중요한 말이다. 철든 자식은 부모가 믿는다. 그다음부터는 카드를 어디에 썼는지 그렇게 유심히 보지 않았다. 믿는 자식을 뭘 그리 지켜보겠는가? 어느 날 돈이 많이 나갔으면 '필요한 데가 있었나 보다' 했다. 만약 큰아이가 카드 받았다고 자기 멋대로 아무 데나 돈을 썼으면 아마도 카드를 회수했을 것이다. 그런데 아이가 철이 들고 부모가 아이를 믿게 되니 카드를 주고는 신경을 안 쓰게 됐다. 자식을 믿으니까 카드도 주고 싶고, 내 돈도 다 주고 싶다. '내 것이 어디 있니? 다 네 것이지' 하는 마음이다. 그때 깨달았다. '자식을 믿으니까 카드를 주는구나. 예수님이 베드로를 믿으시니까 열쇠를 주시는구나.' 만약 베드로가 철이 안 들었으면 못 주셨을 것이다. 아까워서가 아니라 타락할까 봐 열쇠를 못 맡기는 것이다. 그런데 철든 자식에게는 카드를 맡길 수 있다. 그래서 내가 우스갯소리로 이런 말을 한 적이 있다. "아, 그때는 카드가 없어서 열쇠를 주셨구나. 만약 지금 성경을 쓰셨다면 이렇게 쓰실지도 모르겠다." "내가 천국 카드를 네게 주리니 네가 땅에서 그으면 하늘에서 나가리라." 장난처럼 생각했지만, 장난이 아니었다. 그것이 복음이며, 그것이 자녀의 권세이다. (갓피플, 김동호 목사)

나는 이 땅에서 하나님이 주신 아들의 권세를 잘 선용하고 있는가?

본론/수용하기 : 아버지로서의 하나님

[하나님의 자녀가 되는 권세]

하나님과 우리 사이의 관계를 분명히 정리한 본문은 요한복음 1장 12절-13절이다. "12. 영접하는 자 곧 그 이름을 믿는 자들에게는 하나님의 자녀가 되는 권세를 주셨으니 13. 이는 혈통으로나 육정으로나 사람의 뜻으로 나지 아니하고 오직 하나님께로부터 난 자들이니라." 이 본문이 우리에게 주는 은혜는 '하나님의 자녀'됨이 '권세'라는 것이다. 여기서 권세'라는 단어는 '합법적 권리'라는 뜻이다. 이런 권리가 어떤 사람에게 주어지는가? 오직 개인적으로 예수의 이름을 믿고 영접하는 사람에게만 주어지는 것이다. 인간의 유전으로 되질 않는다. 혈통적으로 세습되지도 않는다. 인간적인 노력(종교적인 고행, 금욕, 수도 등 의지적인 노력)으로도 되질 않는다. 오직 예수님을 믿고 영접하는 사람만이 하나님의 자녀가 될 수 있다. 이건 하나님이 정해 놓으신 약속이다. 사람들이 이의를 제기해도 소용이 없다.

미국 국적법을 예로 들어보자. 그 나라는 부모의 국적에 관계 없이 미국 땅에서 태어나기만 하면, 심지어 불법 체류자의 자식이나 원정 출산으로 태어난 자식이라도 미국 시민이 된다. 일명, '속지주의'이다. (우리나라는 속인주의- 부모의 혈통을 따른다) 황당해 보이지만 자기들이 정해 놓고 그렇게 하겠다는데 누가 뭐랄까? 마찬가지다. 하나님이 정해 놓고 그렇게 하시겠다는데, 누가 감히 이의를 제기할 수 있나? 그대로 믿고 따르면 하나님 자녀가 되는 것이다. 여러분은 어떤가? 예수를 구세주로 믿고 영접했는가? 그러면 저와 여러분은 분명히 하나님의 자녀가 된 줄로 믿으시면 된다. 고백합시다. 날마다 그렇게 고백함으로써 하나님의 능력이 우리 가운데 하나님의 자녀로서 권세가 나타나는 것이다.

[자녀의 권세를 사용하라]

자, 그럼 이제 우리는 하나님을 아버지라고 부르는 자녀들이 되었다. 얼마나 놀라운 권세인가? 이제는 누려야 한다. 권력자(군왕)의 자녀도 자기의 권세를 누린다. 재벌의 자녀도 자기의 권세를 누린다. 지나쳐서 탈이지만 말이다. 이제 우리는 하나님의 자녀가 된 권세를 우리의 삶 속에서 누리며 살아야 한다. 그러면 구체적으로 하나님의 자녀인 우리에게 어떤 권세가 있는가?

첫째, 기도하는 권세이다. 기도는 권세이다. 하나님의 자녀들에게 주어진 특별한 권세다. 예수님의 이름을 사용할 수 있는 권세이다. 자녀가 부모에게 구할 수 있는 권세인 것이다. 아무리 대통령, 또는 황제라도 자기를 '아빠'라고 부르며 매달리는 자녀들을 물리치는 사람은 없다. 아버지는 자녀를 사랑하고, 그들의 필요를 알고 채워 주시는 분이다. 자식을 끔찍이 사랑하는 아버지가 자식에게 아까운 것이 무엇이겠는가? 아버지와 자식의 관계는 이해와 논리와 경제적 개념을 넘어서는 무한한 사랑, 무조건적인 사랑, 헌신적인 사랑이 존재하는 것이다. 아들이 요구할 아무런 근거가 없음에도 요구하면 그것을 들어 주고자 하는 것이 아버지이시다.

"너희가 악한 자라도 좋은 것으로 자식에게 줄 줄 알거든 하물며 하늘에 계신 너희 아버지께서 구하는 자에게 좋은 것으로 주시지 않겠느냐"(마태복음 7장 11절) "너희가 내 이름으로 무엇을 구하든지 내가 행하리니 이는 아버지로 하여금 아들로 말미암아 영광을 받으시게 하려 함이라 14 내 이름으로 무엇이든지 내게 구하면 내가 행하리라"(요한복음 14장 13절-14절)

둘째, 하나님의 능력을 사용할 수 있는 권세이다. 기도한 후에는 하나님의 능력을 사용하여야 한다. 영적으로 하나님의 권세가 함께하시기 때문에 악한 영의 세력을 이기는 능력이 임하는 것이다. 명령하고 선포하고 사탄 마귀를 대적하라.

"내가 너희에게 뱀과 전갈을 밟으며 원수의 모든 능력을 제어할 권능을 주었으니 너희를 해칠 자가 결코 없으리라."(누가복음 10장 19절) 황소의 힘보다 고삐를 잡은 아이에게 권세가 있듯이, 아무리 힘센 마귀라 할지라도 예수 이름이라는 고삐를 잡은 자를 이길 수 없다. 마귀를 제어하고 물리치는 권세가 하나님의 자녀인 우리에게 있다. 마귀가 강한척해도 십자가에서 피 흘려 죽어주신 예수님을 믿는 믿음과 그 이름의 권세를 사용하면 우리의 싸움은 백전 백승 할 것이다. "그런즉 너희는 하나님께 복종할지어다 마귀를 대적하라 그리하면 너희를 피하리라"(야고보서 4장 7절)

셋째, 상속의 권세이다. 우리가 예수 그리스도를 믿어 죄 사함과 구원을 받으면 하나님의 자녀의 권세로 하나님의 나라를 상속받을 수 있는 권리가 생기는 것이다. "그러나 귀신들이 너희에게 항복하는 것으로 기뻐하지 말고 너희 이름이 하늘에 기록된 것으로 기뻐하라 하시니라."(누가복음 10장 20절) "16. 성령이 친히 우리의 영과 더불어 우리가 하나님의 자녀인 것을 증언하시나니 17. 자녀이면 또한 상속자 곧 하나님의 상속자요 그리스도와 함께 한 상속자니 우리가 그와 함께 영광을 받기 위하여 고난도 함께 받아야 할 것이니라."(로마서 8장 16절-17절) 하늘의 생명록에 우리 이름이 기록되고 성령님이 인(도장)치시면 그 누구도 빼앗을 수 없다.

[하나님의 자녀답게]

　권세(권리)에는 책임이 따른다. 제일 얄미운 사람이 권리만 누리고 책임(의무)는 다하지 않는 사람이다. 성경은 하나님의 자녀로서의 권세도 강조하지만 동시에 하나님의 자녀가 마땅히 감당해야 할 책임도 강조한다. 구약 신명기 14장 1절을 보자. "너희는 너희 하나님 여호와의 자녀이니 죽은 자를 위하여 자기 몸을 베지 말며 눈썹 사이 이마 위의 털을 밀지 말라." 이 말씀은 '하나님의 자녀라는 신분을 가졌으니까 하나님의 자녀답게 살아야지 이방인들의 풍습을 따라서 살아서는 안 된다'라는 말씀을 하시는 것이다. '죽은 자를 위하여' 자기 몸을 베고 털을 미는 것은 죽은 자를 위한 슬픔을 나타내는 표이다. 이런 행동은 고대 이방 사람들이 행하던 풍습이다. 장례식장에서 죽은 자를 위하여 자기 몸을 베고 털을 밀고 하였다. 이런 풍습은 진정한 소망이 없이 사는 이방 사람들의 삶의 풍습이다. 그러나 하나님께서 보실 때는 하나님께서 귀중한 선물로 주신 몸을 함부로 대하는 행동이다. 하나님께서는 귀한 선물로 주신 것들을 소중히 생각하고 다루어야지 함부로 대해서는 안 됨을 가르쳐주신다. 하나님께서 주신 모든 것을 소중히 다루는 것이 하나님의 자녀다운 삶이다.

　신약으로 오면 고린도전서 6장 19절-20절에 우리의 몸을 '성령님의 전'이라고 하셨다. 고전6:19-20 "19. 너희 몸은 너희가 하나님께로부터 받은바 너희 가운데 계신 성령의 전인 줄을 알지 못하느냐 너희는 너희 자신의 것이 아니라 20. 값으로 산 것이 되었으니 그런즉 너희 몸으로 하나님께 영광을 돌리라."(고린도전서 6장 19절-20절) 예수님을 모시고 성령님의 거하는 사람을 성령님의 전이라고 하신다. 이 의미는 무엇인가? '너희는 너희의 것이 아니다'는 의미이다. 우리 자신을 우리 '자신의 것'이라고 생각하면 안 된다는 뜻이다. 우리는 값으로 산 존재가 되었다. 예수님의 보배로운 피로 산 존재가 되었다. 이제 우리는 우리 자신의 것이 아니고 예수 그리스도의 것, 하나님의 것이다. 로마서 1장 6절에 "예수 그리스도의 것으로 부르심을 받았다"고 한다. 우리는 그런 존재가 되었다. 이런 존재가 되었으니 어떻게 해야 하는가? 20절에 "너희 몸으로 하나님께 영광을 돌리라"고 말씀하신다. 우리의 모든 것을 가지고 하나님께 영광을 돌리는 삶을 살아야 한다. 하나님께서 주신 몸을 귀한 선물로 생각하고 하나님의 자녀답게 몸을 대해야 하고, 몸으로 하는 모든 활동을 가지고 하나님의 영광을 드러내어야 한다.

결론 : 결단 및 행함의 기도

하나님의 자녀다움을 지키게 인도하여 주소서, 하나님 자녀로서의 특권과 동시에 자녀의 책임과 의무를 다할 수 있는 은혜를 허락하여 주소서. 또한 하나님의 자녀다움은 주님처럼 세상을 사랑하고 세상을 섬기는 자리로 가는 것입니다. 그러한 하나님의 온전한 자녀가 되도록 인도하여 주시옵소서. 하나님께 영광 돌리는 것은 하나님의 자녀로서의 권세를 통해 세상을 온전히 섬겨 세상 사람들이 주님께 돌아오도록 하는 데 있음을 잊지 않는 하나님의 자녀가 되도록 인도하여 주시옵소서 예수님의 이름으로 기도합니다. 아멘.

주 예수 그리스도

—

본문: 요한복음 20장 31절

오직 이것을 기록함은 너희로 예수께서 하나님의 아들 그리스도이심을 믿게 하려 함이요 또 너희로 믿고 그 이름을 힘입어 생명을 얻게 하려 함이니라

6살 난 아이가 자기보다 큰 불량배의 집을 지나가면서 겁에 질려 있었습니다. 그 불량배는 항상 그 아이를 때렸기 때문입니다. 어느 날 그 아이가 15살 난 형과 함께 그 집 앞을 지나갔습니다. 불량배는 얼굴조차 내밀지 않았습니다. 6살 난 아이는 형과 함께 있는 동안 안전했습니다.

어느 날 아이는 자신만만하게 불량배의 집 앞을 혼자서 지나가기로 했습니다. 그러나 또다시 그 불량배에게 그는 아주 많이 두들겨 맞았습니다. 처음에는 자기 형에게 말하기를 두려워했으나 그 사실을 안 형이 그 불량배의 버릇을 고쳐주었습니다. 형은 또 동생에게 다시는 그 불량배 집 앞에 혼자서 가지 말라고 주의를 주었습니다.

예수님께서는 우리가 어쩌다 한 번이 아니라 항상 죄에 대하여 승리할 것을 기대합니다. 우리의 힘만으로 살아가려고 한다면 그 아이가 불량배에게 맞았던 것처럼 우리는 죄를 이기지 못할 것입니다. 그러나 우리 안에 계시는 예수님께서는 전능하신 분이며 마귀와 싸움에서 한 번도 패배한 적이 없습니다. 그러므로 예수님의 승낙을 받지 않고 혼자서 무슨 일을 하려고 해서는 안 됩니다. 항상 예수님 곁에 머물러 있어야 합니다. 모든 죄를 예수님께 가져오십시오.

여러분 혼자서 처리하려고 해서는 안 됩니다. 죄를 혼자서 대처하려는 것은 6살 난 아이가 자기보다 큰 불량배를 혼자서 상대하려는 것만큼이나 어리석은 일입니다. 예수님은 여러분을 용서하시며 죄와 대적할 수 있는 힘을 주실 것입니다. 예수님은 죄로부터 우리를 건지신 구원자이십니다. 예수님의 도움을 받아서 죄를 이기는 것이 아니라, 여러분 안에 예수님이 살아계실 때 예수님께서 죄에 대한 승리를 보장해주실 수 있습니다.
(오클라호마 한인중앙장로교회)

나눔 질문

여러분의 인생의 주인이 예수님이십니까? 아니면 자신입니까?

본론/수용하기: 그 외아들

　'그 외아들 우리 주 예수 그리스도를 믿사오니' 사도신경은 성부와 성
령에 대한 고백보다 예수, 즉 성자에 대한 고백으로 가득하다. 이유는 예
수가 바로 기독교 신앙의 초점이기 때문이다. 이는 예수 그리스도는 하나
님의 아들이요, 우리의 구주임을 고백하는 것으로서 매우 중요한 신앙의
표현이다.

* 그 외아들: 그는 물론 하나님을 말하는 것이다. '외아들'이 문제다. '왜 하나님은 복도 없이 아들이 하나뿐인가? 그럼 하나님이 결혼했나? 아내는 누구인가?' 이슬람들의 비난이다. 그러나 여기서 '외'는 하나란 뜻이 아니고 '독특한'이란 뜻으로 해석된다. 보통 인간과는 다르다는 것이다. 영어 성경에는 '외'를 'Only begotten'으로 썼다. 즉 '낳다'라는 뜻을 내포하고 있다. 요한복음 1장 14절에 '말씀이 육신이 되어 우리 가운데 거하시매 우리가 그의 영광을 보니 아버지의 독생자의 영광이요 은혜와 진리가 충만하더라'에서 '독생자'로 표현한다. '낳는다'는 문제는 중세를 풍미하던 논쟁거리였다.

- Origen-유출설: 물이 양동이에서 넘치듯 하나님에게서 예수님이 넘쳐 나왔다.
- Arius-피조설: 예수님은 특별한 하나님의 피조물이다.

A. D 379년 150명의 학자가 모여 만든 니케아 신앙고백에서 '하나님의 독생자시요 모든 시간 이전에 아버지로부터 독생하시고 빛으로부터 온 빛이요, 참 하나님으로부터 오신 참 하나님이시다'라는 원칙을 세워 오늘에 이르는 것이다.

* 우리: 기독교에서는 '우리'라는 개념이 항상 '나'라는 개념보다 앞선다. 이방 종교나 이단사상은 한 사람의 체험에서 유래되지만 기독교의 교리는 사도들의 공동의 체험에서 비롯된다. 11명의 제자가 순교할 만큼 중요하게 고백한 체험을 한 뜻으로 묶어 고백하였다. 뿐만아니라 예수님의 친

형제들조차 확실히 고백한 것이기에 순교를 하였다. 나 하나의 고백이 아니고 많은 성도들 속에서 그들과 함께 고백하는 삶이어야 하기에 우리는 2000년간 바르게 믿던 신앙의 선배들의 뒤를 따라 그 신앙을 함께 고백하는 것이다.

* 주: 1) '주인'이라는 의미이다.- '큐리오스'라는 말은 일반적으로 노예가 주인을 부르거나 백성이 왕을 향하여 쓰던 말이다. 성경에서는 충성의 의미로써 그리스도는 우리의 주인이시오, 우리는 그의 종이기에 절대 충성을 고백하면서 '주'라고 고백한다. 마태복음 16장 16절에 '시몬 베드로'가 대답하여 이르되 주는 그리스도시요 살아 계신 하나님의 아들이시니이다'라고 고백한 것은 예수님을 주인으로 모심을 표현한 것이다.

2) 구원의 주인이라는 의미가 있다.- 구속(救贖)은 돈을 주고 사는 것이다. 속전은 노예가 죄를 지어 죽게 되었을 때, 돈을 주고 사서 자유를 얻게 하는 방법을 속전이라고 한다. 우리 인간도 그의 피를 속전으로 사용하시어 우리를 사셨고 우리를 죄에서 자유하게 하신 것이기에 그는 우리의 구주(救主)이시다.

3) 우리의 소유주이다.- 그리스도는 역사의 주인이요 세계를 다스리시며 교회의 머리가 되신다. 그는 완전한 주인이 되시며 우리는 다 그의 소유물이다.

4) 승리를 의미한다.- 죽음조차 이기신 분이시며 그를 믿는 자에게 이

기는 능력을 주셨고 지금도 우리와 함께 율법과 사망과 죄와 싸워 이기게 하신다. 마가복음 9장 23절에 '예수께서 이르시되 할 수 있거든이 무슨 말이냐 믿는 자에게는 능히 하지 못할 일이 없느니라 하시니'라는 말은 그분이 능력과 승리의 주님이라는 것을 시사한다.

5) 신성을 의미한다.- '주'라는 말은 신성을 가진 단어이다. "주 여호와여 주께서 주의 크심과 주의 권능을 주의 종에게 나타내시기를 시작하셨사오니 천지간에 어떤 신이 능히 주께서 행하신 일 곧 주의 큰 능력으로 행하신 일 같이 행할 수 있으리이까"(신명기 3장 24절) 주만이 큰 능력을 가졌다고 표현하고 있다. "예수께서 이르시되 또 기록되었으되 주 너의 하나님을 시험하지 말라 하였느니라 하시니"(마태복음 4장 7절) 십계명의 3번째 계명인 '여호와의 이름을 망령되이 일컫지 말라'는 조항 때문에 "여호와"라고 쓰기는 하여도 읽기는 "아도나이"라고 읽었다. 그 결과 영어 성경의 번역을 보면 주라는 말을 전부 대문자로 하여 "Lord"라고 번역하였다.

* 예수: 1) 히브리어로는 "여호와는 구원"이라는 뜻이 있다.- 어원상으로는 '호세아' '여호수아' '예수아'와 같은 뜻이다. 예수님 당시의 대제사장의 이름 가운데 예수라는 동명이인이 5명이나 되었고 지금도 많이 있다. 예수라는 이름은 독특한 이름이 아니라 오히려 흔한 이름이었다.

2) 예수는 인간의 몸을 입고 오신 분이시다.- 그노스티시즘(영지주의)처럼 주님께서 몸을 입고 오셨다는 것을 부인하면 안 된다. 그노스틱주의는 예수를 극진히 높인 나머지 예수가 볼 수 있는 몸으로 오신 것이 아니

라 환상으로 본 것 같이 생각하고, 인간 되신 예수님을 부인하는 이단이었다.(요한일서 4장 1절-6절 참조)

* 그리스도: 1) 그리스도는 예수의 직명이다.- 목사, 장로, 권사, 집사 등과 같은 직함이다. 우리와 하나님의 관계에서 메시아로서의 직능을 말한다. 그리스도는 헬라어이고 히브리어로는 '메시아'이다. '메시아'는 '붓는다'는 말에서 유래하는데 '기름부음을 받는 자'라는 뜻이 있다.

2) 구약에서는 왕과 제사장과 선지자가 기름부음을 받았다.- 예수님도 이러한 의미에서 왕과 선지자와 제사장이라 부르는 것이다. 종말론에서의 메시아사상은 예수님 외에 다른 메시아를 고백하는 것은 이단사상이다. 제사장으로서의 예수를 보면, 제사장은 성소에 짐승의 피를 들고 들어갔으나 예수님은 자신의 피를 들고 들어갔다. 그는 죄 많은 제사장이 아니라 죄 없으신 제사장이었다. 그는 말씀을 가르치셨고 율법을 해석하셨고 영원한 말씀으로써 우리 가운데 계신다. 이것이 우리의 영원한 그리스도에 대한 신앙의 고백인 것이다. 예수님에 대한 신앙고백과 우리의 삶은 이런 연유에서 예수 그리스도를 향하여 주(主)라고 부르는 것은 그가 하나님 되심을 고백하는 것이다. 삼위일체 교리는 이러한 부분으로 설명을 할 수도 있다.

결론 : 결단 및 행함의 기도

주님이 우리의 주인일 때만 우리에게 생명이 있음을 고백합니다. 생명

되신 주님 우리와 함께 하여 주소서, '주님'이라고 고백하면서 우리는 우리가 주인이 될 때면 우리의 영혼이, 우리의 육체가 이미 압니다. 주님이라고 고백할 때 우리의 말, 행동, 생각을 주님께 돌려드리게 인도하소서. 다시 주님이 나의 주인이 될 때, 우리는 살아납니다. 우리에게 생명이 있습니다. 오, 주님 우리를 불쌍히 여기소서. 함께 하시어 우리가 주님을 고백하는 자리로 이끌어 주시길 간절히 기도합니다. 예수님의 이름으로 기도합니다. 아멘

성령으로 잉태하사

본문: 마태복음 1장 18절

예수 그리스도의 나심은 이러하니라. 그의 어머니 마리아가 요셉과 약혼하고 동거하기 전에 성령으로 잉태된 것이 나타났더니

서론/ 마음 열기 및 예화 : 성령을 받았는가?

기독교 대한 성결교단은 전국 기독교 청년 500명을 상대로 성령과 중생의 체험 여부를 조사해 보았는데 '중생 체험했다'가 59.9% 과반수를 차지하고, '글쎄요'가 15.3%이고, '아니요'가 15.5%이고 '성령 충만했느냐'에 대하여는 42.6%가 '예' 했고, '글쎄요'가 16.5% 소극적이며 '아니요'가 15.5%로 나타났다. (크리스챤 투데이)

나눔 질문

성령 받은 증거가 무엇일까요? 성령을 받으신 것을 확신하시나요?

본론 / 수용하기: 성령으로 잉태하사

"성령으로 잉태하사 동정녀 마리아에게 나셨다"는 고백은 예수님의 하나님 되심과 인간되심, 즉 예수님의 완전한 신성과 완전한 인성을 믿고 고백하는 말이다. 그분은 성령으로 잉태되신 하나님의 아들이며, 인간 마리아에게서 태어나신 완전한 인간이시라는 것이다. 그것을 어려운 말로 '성육신(incarnation)'이라 한다. 게할더스 보스는 자신의 저서인 '성경 신학(Biblical theology)'이라는 책에서 예수님의 성육신을 '선재하시는 메시아가 인간성(human nature) 안에 들어오시며, 초역사적인 분이 역사의 흐름 속으로 들어오시는 놀라운 일'이라고 정의를 했다. 맞습니다. 예수님은 하나님이시며 영원 속에서 존재하시는 분이신데 이 유한한 역사 속으로 자원하여 들어오신 것이다. 그것이 바로 성육신이며 '성령으로 잉태하사 동정녀 마리아에게 나시고'라는 고백 속에 함축되어 들어있는 위대한 진리인 것이다. 그렇다면 우리 주님은 무엇을 위해, 어떤 일을 하시기 위해, 육신의 몸을 입으시고 이 역사와 시간 속으로 들어오셔야 했던 것일까? 그리고 왜 그분은 성령으로만 잉태되셔야 하는 것일까? 여기에는 아주 풍성한 기독교 교리의 메시지가 담겨 있다.

누가복음 1장 35절에 '천사가 대답하여 가로되 성령이 네게 "임하시고" 지극히 높으신 이의 능력이 너를 "덮으시리니" 이러므로 나실 바 거룩한 자는 하나님의 아들이라 일컬으리라' 이 문장에서 '임하시고'라는 단어와 '덮으시리니'라는 단어가 아주 중요한 단어이다. 여기에서 '임하다'라고 번역이 된 단어는 사도행전 1장 8절에서 오순절 성령 강림 때 쓰인 단어와 똑같은 단어이다.

사도행전 1장 8절에 "오직 성령이 너희에게 임하시면 너희가 권능을 받고 예루살렘과 온 유대와 사마리아와 땅끝까지 이르러 내 증인이 되리라 하시니라." '임한다'는 단어는 이사야 32장 15절을 그 배후로 하고 있는 것이다. 이사야 32장 15절에 "필경은 위에서부터 성신을 우리에게 부어주시리니 광야가 아름다운 밭이 되며 아름다운 밭을 삼림으로 여기게 되리라." 한글 표준 새 번역에 "15. 그러나 주께서 저 높은 곳에서부터 다시 우리에게 영을 보내 주시면, 황무지는 기름진 땅이 되고, 광야는 온갖 곡식을 풍성하게 내는 곡창지대가 될 것이다." 그러니까 '임하시고, 에펠류세타이(επελευσεται)'는 하나님의 백성에게 임하는 '하나님의 영'의 강력한 임재를 묘사할 때 사용되는 단어이다. 마리아에게 하나님의 영이 강력하게 임재를 하신 것이다. 왜 그런 단어가 거기에 쓰였는지 질문을 갖고 따라와야 한다. 뿐만아니라 누가복음 1장 35절의 '덮으시고, 에피스키아세이(επισκιασει)' 또한 하나님 영광의 신현적 임재를 표현하고자 할 때 쓰이는 말이다.

출애굽기 40장 35절에 "모세가 회막에 들어갈 수 없었으니 이는 구름이 회막 위에 덮이고 여호와의 영광이 성막에 충만함이었으며"의 내용을 표준 새 번역으로 보면, 모세의 회막에 구름이 머물고, 주의 영광이 성막에 가득 찼으므로, 거기에 들어갈 수 없었다. 여호와의 영광이 충만하게 임할 때 '덮음'이라는 단어가 사용된다. 그런데 그 여호와의 영광의 '덮음'은 때때로 독수리 날개의 덮음으로도 표현이 되기도 한다.

그 개념은 창세기 1장 2절의 '라하프' 즉, '수면 위에 운행하시다'에서 부터 출발이 된 개념이다. '라하프'라는 단어는 암탉이 달걀을 품은 상태를 말한다. 암탉이 달걀을 품으면 어떤 일이 일어나는가? 병아리가 태어난다. 그러니까 여호와의 영광의 덮으심과 독수리 날개의 덮으심이라는 개념은 새 창조를 향한 하나님의 지키심과 보호하심, 그리고 완성에 대한 강력하고 집요한 의지와 확신이 모두 포함된 그런 개념이다. 그런데 그 개념이 거기에서 머무는 것이 아니라 한 발 더 확장되어 나간다. 독수리 날개에서 그 '날개'라는 단어는 '옷자락'이라는 단어로도 쓰인다. 고대에는 신랑이 옷자락으로 신부를 덮으면 그것이 곧 혼인의 증표였다. 그 신랑의 옷자락에 의해 덮음에서 새 생명이 잉태되는 것이다.

수면 위에 운행하시던 하나님의 신, 이스라엘을 덮으셨던 하나님 영광의 구름, 하나님의 백성들을 덮으셨던 독수리 날개로서의 하나님, 신부를 덮었던 신랑의 옷자락, 이 모든 것들이 다 하나님의 새 창조를 상징하고 있는 그림들이었다. 하나님의 능력이 마리아를 덮음으로 말미암아 예수라는 생명이 잉태된 것이다. 따라서 예수의 잉태에 관한 한 마리아의 남편은 '지극히 높으신 이'인 하나님이 되는 것입니다. 예수님은 요셉의 아들이 아니라 '하나님의 아들'이 되는 것이다. 그 예수 그리스도의 동정녀 탄생, 즉 하나님을 아버지로 하여 인간의 몸에서 태어나신 예수님은 앞으로 줄줄이 탄생하게 될 육신을 입은 하늘의 장자들, 하나님의 은혜에 의해 탄생하게 될 교회의 출현에 관한 내용을 미리 유비로 담고 있는 것이다. 하나님의 선택에 의해 하늘의 자녀들이 될 성도는 예수님처럼 육신의 몸을 입고 영원을 살게 될 터인데, 그들이 바로 영과 육을 동시에 소유한

자로 하나님의 옷자락의 덮으심을 통해 탄생하게 될 것을 모형으로 보여 주고 있는 것이다.

예수님의, 완전한 하나님이시면서 인간의 제한된 육신을 입으신 그 상태처럼 우리 성도들도 영원을 사는 하늘의 존재로서 하나님이 새롭게 입혀주실 새 육신을 입고 살게 될 것임을 그런 존재가 정말 가능하다는 것을 모형으로 보여주신 것이다. 따라서 우리 성도들이 '성령으로 잉태하사 동정녀 마리아에게 나셨다'는 신앙고백을 할 때, 그 사실이 정말 역사적 사실인 만큼, 우리도 분명 하나님의 은혜의 덮으심으로 인해 육신을 입은 신적인 존재로 완성이 될 것임을 굳게 믿는 것이다. 어떻게 이러한 제한된 육신을 입은 자가 하늘의 영원을 살 수 있는가? 우리는 이해할 수가 없지 않은가? 그런데 예수님께서 지금 그 모습으로 '영원을 살고 계시다'는 말이다. 따라서 우리는 그 확실한 역사적 사실을 현실로 믿고 우리의 완성된 미래 또한 확신할 수 있게 되는 것이다.

성도가 어떻게 하나님의 백성으로 거듭나게 되는가? 성령에 의해 거듭나게 되는 것이다. 그 말은 성도들도 예수님처럼 성령에 의해 잉태가 된다는 것을 의미한다. 왜냐하면 예수 그리스도는 잘 알다시피 우리의 대표자로 오셨기 때문이다. 그것은 성령의 잉태는 말씀이 육신이 된 자리로부터 시작되는 것이다.

"태초에 말씀이 계시니라 이 말씀이 하나님과 함께 계셨으니 이 말씀은 곧 하나님이시니라."(요한복음 1장 1절) 말씀이 육신으로 오시어서 그 말씀으로 말미암아 우리를 새롭게 할 것이다. 그러므로 말씀으로부터 성령이 충만할 것이요, 그 성령으로 우리가 새롭게 잉태되고 거듭나는 자리로 갈 것이다.

"베드로가 이 말을 할 때 성령이 말씀 듣는 모든 사람에게 내려오시니"(사도행전 10장 44절) 말씀을 들을 때 성령이 역사한다. 오직 주님의 말씀을 고백하고 순종할 때 하나님의 역사가 나타난다. '오직 성경'(Sola Scriptura) 이것으로 성령이 우리를 덮을 것이다. 그렇게 우리도 새로운 잉태를 소망하며 날마다 새로워지고 날마다 부활하길 소망한다.

결론 / 결단 및 행함의 기도

거룩한 성령 하나님, 하나님은 말씀의 영이십니다. 그 하나님을 고백합니다. 말씀으로 날마다 우리에게 오시어서 살리시고 은혜롭게 하시며 강건하게 하심을 찬양합니다. 성령 충만함은 곧 하나님의 말씀에 사로잡히는 것입니다. 오늘도 말씀 가운데 성령 충만하여 주님의 일을 온전히 감당하도록 말씀에 순종하는 은혜를 허락하여 주시옵소서. 예수님의 이름으로 기도합니다. 아멘

본다오 빌라도에게 고난을
받으사(1)

—

본문: 마가복음 15장 15절

빌라도가 무리에게 만족을 주고자 하여 바라바는 놓아 주고 예수는 채찍질하고 십자가에 못 박히게 넘겨 주니라

서론 / 마음 열기 및 예화: 로마원로원의 편지와 빌라도

다음은 로마 제국 시기에 퍼브리어스 렌튜러스에 의해 로마원로원으로 보내진 한 통의 편지를 번역해 놓은 것이다.

"요즘 이곳에는 예수 그리스도라고 불리는 큰 덕을 가진 한 남자가 나타났습니다. 그는 아직도 우리와 함께 있으며 유대인이 아닌 사람들도 선지자의 예언을 받아들였습니다. 그의 제자들은 그를 하나님의 아들이라고 부르고 있습니다. 그는 죽음에서 부활하며 모든 질병을 고친다고 합니다. 그는 다소 키가 크고 준수한 체격을 가졌으며 매우 존경할 만한 용모로서 사랑과 경외 모두를 갖춘 자 같았습니다.

잘 익은 밤나무 색깔의 그의 머리는 귀를 덮고 밑에까지 내려와 그의 어깨에서 물결치고 있어서 더욱더 동양적으로 보입니다. 나사렛 사람들처럼 가운데로 가르마를 탔고 머릿결이 매우 섬세해 보였습니다. 점도 주름도 없는 얼굴은 사랑스러운 홍조를 띠어 아름다웠고 그의 코와 입은 다부지게 생겼습니다.

그의 머리와 같은 색깔의 가느다란 수염은 너무 길지도 않았고 그의 표정은 순진하면서도 신중해 보이고 그의 눈은 회색빛으로 매우 맑아 보였습니다. 훈계할 땐 가혹하며, 충고할 땐 예의 바르고, 대화할 땐 유쾌하며 진지합니다. 그가 소리 내어 웃는 것을 본 사람은 아무도 없으나 우는 것을 본 사람은 많습니다. 그의 몸은 균형이 잘 잡혀 있고 손과 팔은 매우 섬세하고, 말할 땐 온화하고 지혜로우며 그는 어린이나 어른을 능가하는 독특한 아름다움을 지닌 사람입니다."

당시의 예수님의 모습을 이렇게 표현했다. 아마도 빌라도도 원로원에 이런 편지가 전달되었다는 것을 알았을 것이다. 그도 정치인이니까. 그러나 여론과 사람들의 눈치를 보느라 빌라도는 죄 없는 사람을 죽음에 이르게 하는 잘못을 범하게 된다.

로마 제국이 500년간 지중해를 통치하는 동안 수천 명의 지방 총독을 가지고 있었지만, 그 중 한 사람의 총독은 오늘날도 우리의 기억 속에 남아 있다. 이 세상의 수천의 기독교인들은 '본디오 빌라도에게 고난을 받으사'라는 니케아 또는 사도신경을 고백할 때마다 그를 언급한다.

로마의 두 번째 황제인 위대한 티베리우스의 이름을 한 번도 들어본 적이 없는 아이들도 아주 보잘것없는 빌라도의 이름은 기억하고 있다. 다시 말하면 이렇게 대수롭지 않은 총독이 위대한 구원의 사건과 우리의 살고 죽어 가는 세계사의 보잘것없는 환경들을 연결해 주는 중요한 역할을 해 주었다. (나무위키)

성경의 내용상 본디오 빌라도는 죄가 있을까? 아니면 유대인들의 꾐에 빠진 것일까? 한번 서로 나눠 봅시다.

본론 / 수용하기 : 빌라도

　* 빌라도의 출현: 이름 속에 '창을 가짐'이라는 특별한 의미를 지닌 본디오 빌라도는 주후 1세기 유대와 사마리아 및 이두매를 약 10년 동안 다스린 제5대 로마 총독이다. (주후 26-36 재임). 그는 로마 제국을 위해 몸과 마음과 물질을 모두 바쳐 적극적으로 일하며 싸우다 큰 공적을 세우고, 황제에게 인정받아 무관(武官)인 기사(騎士)가 됐다. 본디오 빌라도는 원래 갈라디아 지역 출신으로서 독일군 제22군단에 인질로 잡혀갔다가 본도에 거처하는 중 기회가 돼 로마 황제를 위해 목숨을 걸고 열심히 싸운 인물이다. 그 후 로마 사람들은 빌라도가 충성을 바쳐 일한 '본도' 지역명

을 따 그를 '본디오'라고 부르게 됐다. 그는 또한 투창(Pilum)으로 상대를 제압하는 데 탁월한 능력을 소유하고 있었기 때문에, 그에게 '빌라도'라는 별칭도 부여했다.

본디오 빌라도는 황실의 임명으로 유대 총독으로 부임할 때 예외적으로 아내를 동반했다(마태복음 27장 19절) 1세기 당시 로마법은 유대 같은 위험한 지방을 다스릴 총독은 아내나 가족을 동반할 수 없도록 규정했다. 아구스도 시대 이후 일시적으로 동반이 허락되자, 빌라도는 아내와 같이 유대 땅에 총독으로 들어갈 수 있었다.

전임 총독 발레리우스 그라투스(Valerius Gratus, 주후 14-25)는 가이사랴에 안주(安住)하면서 대제사장 직임을 돈을 받고 파는 등 사복을 채우는 데 만족했다. 본디오 빌라도는 처음부터 전임 총독의 잘못된 처사와 식민통치 정책에 반대했다. 가이사랴에 있는 총독부 본영을 새로운 도시 예루살렘의 헤롯 궁전(마가복음 15장 16절)으로 옮겼다. 빌라도는 야밤에 병사를 시켜 이스라엘의 성도(聖都) 예루살렘으로 군기를 보냈다. 독수리 그림의 군기와 황제의 상이 그려진 기를 성전 안에 세우는 것은 유대인들에게 있어 제2계명을 어기는 것이 됐다. 흥분한 예루살렘 군중들은 총독부에 민족 대표를 보내 비난과 더불어 탄원을 올리게 됐다. 유대 군중들은 5일 동안이나 총독의 관저를 둘러싸고 데모하며 소란을 피웠다. 엿새째 되는 날 총독 본디오 빌라도는 군중을 법정으로 불러, 만일 해산하지 않으면 사형에 처하겠다고 협박했다. 유대인들은 그의 압력에도 굴하지 않고 로마 군사들 앞에 자신들의 목을 내놓았다. 본디오 빌라도는 마침내 그들의 탄원을 들어 군기를 성 내에서 철수시켰다.

빌라도 총독은 솔로몬의 연못에서 예루살렘으로 수도(水道)를 끌기 위해 성전고(聖殿庫)에 있는 금을 함부로 사용했다. 하나님께 헌물로 바친 거룩한 금을 세속적 목적을 위해 도용(盜用)하는 것이라 유대인들은 생각했다. 총독 빌라도가 예루살렘에 왔을 때 또다시 소란을 일으키며, 그를 공격하기 위해 둘러쌌다. 빌라도는 그런 일을 이미 예견하고 있었으므로 흉기를 가진 사복 차림의 부하를 군중 속에 몰래 잠입시켰다. 군중들의 소란이 최고조에 달하자 빌라도의 신호에 따라 폭도들을 습격하므로 엄청난 사상자를 냈다.

총독 빌라도는 주후 29년 유월절에 민중들의 소동이 일어날 것을 짐작하고 예루살렘에 올라갔다. 많은 유대인들이 절기를 위해 예루살렘으로 모일 때 총독도 상경해서 헤롯의 궁전에 묵는 것이 관례였다. 빌라도가 민중 폭동을 일으킨 갈릴리 사람들을 습격하여 그들의 피를 희생의 피에 섞게 됐다(누가복음 13장 12절). 그는 자신에게 큰 희생이나 손해가 될 경우 올바른 결정을 전혀 하지 않았다. 자신에게 묻는 질문은 "나의 의무는 무엇인가?"가 아니고, 항상 "나의 이해관계는 무엇인가?"였다. 전임 총독의 정책을 싫어하면서도 자신의 유익을 위해 총독 업무를 수행한 것은 동일했다.

본디오 빌라도의 마지막 과실은 그의 실각 원인이 되었다. 사마리아 출신의 어떤 사람이 빌라도를 찾아와 그리심산 꼭대기에 올라가면 주전 15

세기 모세가 성막의 황금 기구(器具)를 숨긴 곳을 가르쳐 주겠다고 거짓말 했다. 사마리아 사람은 폭군 빌라도가 그리심산에 올라오면 제거할 계획이었다. 수많은 유대 군중들이 무기를 휴대하고 그리심산 기슭에 모였다. 빌라도는 무장한 군인들을 두려워하여 민중들을 급습하여 모두 살해하고 말았다. 사마리아인들이 자신들의 억울한 사실을 로마 황제에게 탄원하자, 본디오 빌라도를 총독직에서 면직시켰다(36-37년). 평민으로 돌아간 빌라도는 여러 모양으로 고통을 당하게 됐다. 결국 칼리쿨라(Caligula, 12-41, 로마의 3대 황제, 재위 37- 41) 황제로부터 사형 집행 통보를 받고 스스로 자살하므로 비참한 최후를 맞이했다.

국가를 위해서 일해야 할 공복이 사심을 마음속에 품고 선량한 백성들을 괴롭힌 죄악은 결코 묵과될 수 없다. 우주의 주인이신 하나님은 자신이 직접 이 땅에 세우신 국가 또는 다양한 공동체가 하나님의 뜻과 생각대로 나아가도록 하기 위해 지도자를 선택한다. 본디오 빌라도처럼 국가 및 공동체의 통치 원리를 오직 사익에서 찾는 사람은 이 땅에서조차 밝은 결실을 맺을 수 없다. 하나님 세우신 공동체를 해치는 사악한 행동을 하고도 정죄가 없는 것은 자신의 죄악을 회개하고 돌아오기를 바라는 하나님의 사랑에서 비롯된다. 지난날 백성들을 괴롭혔던 전 세계 독재자들의 비참한 죽음과 퇴보는 그것을 충분히 증명해 주고 있다.

* 빌라도의 비극: 인류 역사상 가장 불행한 인물 중 하나가 본디오 빌라도가 아닐까 생각한다. 오늘 우리 예배를 비롯해 사도신경을 고백할 때마다 본디오 빌라도의 이름이 언급한다. "본디오 빌라도에게 고난을 받

으사" 그러면 빌라도가 가장 악인이어서 예수님을 죽인 결정적 범인이었기 때문에 그런가? 아니다. 대제사장과 유대 지도층들이 더 결정적 역할을 했다.

예수님을 팔아넘긴 유다의 죄가 더 컸다. 빌라도는 어느 금요일 새벽 성난 군중들의 항의에 밀려 단지 최종 서명만 했을 뿐이다. 그런데 왜 사도신경은 본디오 빌라도의 이름을 거론하고 있는 것일까? 그가 어쨌든 책임자였기에? 그를 비난하기 위해서? 아니다. 사도신경이라는 것이 얼마나 중요한 신앙고백인데 한낱 비난의 목적으로 빌라도의 이름을 언급하겠는가? 세상에는 본디오 빌라도보다 더한 악당들이 얼마나 많은가? 유아 학살을 감행하고, 세례 요한을 참수하고, 예수의 죽음을 바랐던 헤롯의 이름은 왜 언급이 되지 않는 것인가? 히틀러나 인류 역사상 더한 악인들이 많은데 도대체 빌라도만 끊임없이 사람들의 입에서 오르내리는 고통을 겪어야 하는가? 여기에는 사도신경 번역이 좀 오해를 불러일으켰다는 점을 지적하지 않을 수 없다. 사도신경 라틴어 원문은 'sub(수브-) 본디오 빌라도'라 되어 있다. 'sub'는 '~아래서'라는 뜻이다. 직접적인 행위자를 가리키는 전치사가 아니라 '~통치 아래서'라는 의미다. 그래서 가톨릭의 사도신경에서는 '본디오 빌라도 통치 아래서 고난을 받으시고'라 번역하고 있다. 영어 번역에서는 'by'가 아니라 'under'라는 표현을 사용하고 있다.

사도신경에서 본디오 빌라도의 이름을 명시하고 있는 이유는 예수님의 고난과 죽음이 역사적 사실임을 밝히기 위해서이지, 빌라도를 비난하기 위해서가 아니다. 예수님은 본디오 빌라도가 총독으로 있을 때 고난을 받으시고 십자가에 달려 돌아가셨다는 고백이다. 굳이 예수님의 죽음에 대한 책임을 물어야 했다면 온 이스라엘을, 전 인류의 이름을 빌라도 이름 대신 집어넣어야 했을 것이다. 그럼에도 불구하고 빌라도는 책임을 면할 수 없다. 예수님을 십자가의 죽음으로 내몬 최종 결정권자였기 때문이다.

그는 이후 예수님의 이름조차 기억했을는지 모르겠다. 이런 일은 비일 비재했고, 빌라도의 손에 의해 죽임을 당한 수많은 반란 행위자들이 있었다. 빌라도의 불법은 하루 이틀의 일이 아니었다. 유대 학자 필로는 빌라도란 인물에 대해서 다음과 같은 평가를 내리고 있다. "뇌물을 좋아하고 난폭하며 강탈을 일삼고 학대하고 무례하고 재판도 하지 않고 처형하며 이를 데 없이 잔인했다." 빌라도가 선했지만 이날 재수가 없어 하나님의 아들을 죽음으로 모는 데 일조한 것이 아니다. 그가 평소 행했던 악이 하나님의 아들을 죽임으로써 만천하에 드러난 것이다.

빌라도는 지금 자기 죄에 비해서 과한 형벌을 받고 있다고 생각하고 있을는지 모른다. 자기와 같은 악인이 어디 한두 명이냐고 억울해할지 모른다. 그러나 그 스스로가 불의의 무리에 동참함으로써 교회사에서 자신의 이름이 사람들의 입에서 오르내리는 고통을 당해야 하는 빌미를 제공했다는 점을 부인할 수는 없다. 빌라도의 실패를 통해서 우리들의 교훈을 삼을 수 있기를 바란다. 즉, 공동체의 책임과 리더는 어떤 일을 판결할 때 가장 객관적이고 가장 합리적으로 판결을 내려야 한다. 그리고 또한 가장 선하고 공의롭게 판결을 내려야 한다. 그 선하고 공의로움이란 무엇일까? 그것은 바로 어떤 경우이든 창조주 편에 서는 것이다. 완전히 선하고 의로운 판단은 하나님의 편에 서서 내려야 한다. 우리도 공동체의 지도자가 될 수 있고, 지금은 성도로서 이 세상 속에 나에게 주어진 시간과 사명과 가족 공동체 사회 공동체 또는 교회 공동체의 책임 있는 자리에 있을 수 있다. 그러면 우리의 선택은 '하나님의 뜻'을 이루는 것이다. 빌라도의 불행은 하나님을 알지 못한 데 있는 것이다.

결론 / 결단 및 행함의 기도

주님 우리가 고백하는 이름 중에 본디오 빌라도처럼 아프고 고통스러운 이름은 없을 것입니다. 우리의 인생이 주님을 아프게 하는 빌라도의 자리가 아니라, 주님 안에서 참 자유를 누리게 하여 주시옵소서. 세상의 권력과 힘과 사람들을 의지하는 자리가 아니라 주님 앞으로 나가는 하나님의 백성이 되도록 인도하여 주소서. 예수님의 이름으로 기도합니다. 아멘.

본디오 빌라도에게 고난을
받으사(2)

—

본문: 마가복음 15장 15절

빌라도가 무리에게 만족을 주고자 하여 바라바는 놓아주
고 예수는 채찍질하고 십자가에 못 박히게 넘겨 주니라

서론 / 마음 열기 및 예화: 악의 평범성, 한나 아렌트

2차 세계대전 중 유대인 대학살이 아우슈비츠에서 있었다. 그때 대학살을 진행했던 '아돌프 아히히만'이라는 사람이 있었다. 그는 15년 동안 도망 다니다 잡혀서 재판을 받게 된다. 그런데 그 재판을 목격했던 한나 아렌트라는 신문기자가 있었다. 그녀는 재판 중에 깜짝 놀라게 된다. 아히히만이 너무 착하고 성실했던 아버지였다는 것이다. 그래서 나치 전범들을 조사해 보니 대부분 착하고 성실했다는 것이다. 한나 아렌트는 그의 저서 '예루살렘의 아히히만'(Eichmann in Jerusalem)에서 이렇게 말한다. 평범한 사람들이 자기도 인식하지 못한 상태에서 커다란 악을 저지를 수 있다. 오늘날 우리 사회에서 잘못된 지도자, 잘못된 구조, 잘못된 조직 안에서 성실하게 살아가는 경향이 있다. 그것을 한나는 "악의 평범성"이라고 말한다. (위키피디아)

우리가 현시대의 고통 속에서 자기를 깊이 생각하지 않는 죄, 이웃의 고통에 무관심한 죄, 역사를 인식하지 않는 죄, 사회문제에 관심을 갖지 않는 죄, 그것은 우리 시대에도 아픔으로 남아 있다. 바로 80년의 광주, 세월호, 이태원 참사 등 근 현대사의 처절한 아픔이다. 침묵과 방관이 악한 구조와 탐욕스런 자들에게 폭력과 권력을 그들에게 사유할 수 있도록 기회를 준 것 같다는 생각에 이 시대가 모두 고통스러울 것이다.

라인홀드니버의 '도덕적 인간과 비도덕적 사회'에서 개인은 도덕적이라 할지라도 집단화되면 왜 비도덕적이 되는가에 대해 생각해 보고, 도덕적 인간은 왜 집단적이면 그 도덕성을 포기하는가?

본론 / 수용하기: 빌라도와 비도덕적 사회

　　예수님을 사형에 처하기로 결정한 대제사장들과 유대 당국자들은 예수님을 빌라도 앞으로 끌고 갔다. 예수님을 신성모독 혐의로 스데반처럼 돌로 쳐 죽일 수도 있지만 십자가라는 정치범으로 단죄하는 것이 더 효과적이라고 그들은 생각했던 것이다. 이를 위해서는 당시 유대 지역을 다스리고 있던 빌라도의 재가가 필요했다. 고발 내용을 접한 빌라도는 예수님께 묻는다. "네가 유대인의 왕이냐?"(마가복음 15장 2절) 아마 대제사장 일파는 예수님을 거짓 메시아로, 군중들을 선동한다는 죄목으로 고소했을 것이다. 이에 대해서 예수님은 "네 말이 옳도다."(마가복음 15장 2절)

라고 대답을 하신다.

성경 말씀을 읽다 보면 번역이 문제 될 때가 많습니다. 원래 의미는 "네 말이 옳도다."가 아니라 "네가 말했다." "당신이 그렇게 말했다."이다. 이것은 긍정도, 부정도 아니다. 예수님은 메시아로 오셨다. 그러나 빌라도나 유대인들이 생각하는 그런 정치적인 메시아는 아니었다. 이에 대한 해석은 요한복음에서 잘 풀어내고 있다. "예수께서 대답하시되 내 나라는 이 세상에 속한 것이 아니니라 만일 내 나라가 이 세상에 속한 것이었더라면 내 종들이 싸워 나로 유대인들에게 넘겨지지 않게 하였으리라 이제 내 나라는 여기에 속한 것이 아니니라"(요한복음 18장 36절) 예수님 당시에 메시아 운동은 비일비재했다. 대부분 민족주의 운동이었고 로마에 의해서 진압을 당하였다. 사도행전에서는 드다, 갈릴리의 유다, 광야로 나간 애굽인 등의 정치적 메시야 운동을 언급하고 있다. 이런 유의 메시아로 해석하면 예수님도 십자가형의 죽음을 면할 수 없는 것이다. 그러나 예수님의 나라는 그런 나라가 아니었다. 세상의 권력을 탈취하는 방식으로 오는 나라가 아니다. 이 세상 밖의 나라요, 영적인 나라요, 우리 마음의 나라요, 한 사람 한 사람에게 임하는 나라다. 일개 민족을 위한 나라가 아니요, 이 세상에 대항하여 모든 나라와 권세와 영광을 하나님께 돌리는 나라이다. 그러니 예수님은 긍정도 부정도 할 수 없었던 것이다.

대제사장 일파가 여러 가지로 고발하자 예수님은 더 이상 대답하지 않고 침묵을 지키신다. 이처럼 침묵으로 일관하시는 예수님의 태도에 빌라도는 '놀랐다'라고 표현한다. (마가복음 15장 5절) 모두가 어떻게든 빠져 나가려고 변명하지 않는가? 비굴한 모습을 보이기도 하지 않는가? 주님은 이 순간 모든 심판을 인간이 아닌 하나님께 맡기고 있다. 잠잠히 하나님께서 하시는 일을 지켜보고 있다. 주님은 옳았기에 비굴할 필요가 없었던 것이다.

예수님이 침묵을 지키시자 빌라도의 질문은 이제 무리에게 향한다. 무리는 전례에 따라 명절을 맞아 죄수 한 사람을 놓아줄 것을 요구한다. 대제사장들이 '시기 때문에 예수를 고발했다.'(마가복음 15장 10절) 라고 확신한 빌라도는 예수를 놓아줄 것을 제안한다. 이에 대해 대제사장과 무리들은 예수 말고 바라바를 내어놓을 것을 요구한다. 바라바는 '민란을 꾸미고 그 민란 중에 살인하고 체포된 자'(마가복음 15장 7절)로 소개된다. 바라바는 혁명가요 정치범이었다. 그들이 보기에 예수님은 자기 민족에게 아무 쓸모도 없고 동정할 가치도 없었던 것이다. 유대 지도층들에게는 자신들의 밑바닥을 드러나게 하는 성가신 존재였고, 민중들에게는 자신들이 바라던 빵이나 독립을 가져다주지 않는 허풍선이로 보였던 것이다. 그들은 지금 하나님이 보내신 구원자를 필요 없다고 발로 차 버리고 있는 것이다.

무리들이 그렇다. 여기 '무리'로 번역된 단어는 '오클로스'다. 오클로스란 단어는 지난 세기 민중 신학에서 매우 중요하게 생각했던 개념이다. 민중으로 번역되기도 했는데 민중을 혁명의 주체로 놓다 보니 민중이 구원을 가져다준다는 민중 메시아라는 주장으로 발전되기도 하였다. 민중이 역사의 주체인 것은 맞다. 하나님의 보이지 않는 손은 민중을 통하여 역사를 움직여 가신다. 그러나 민중이라고 하여 다 하나님의 도구는 아니다.

민중 중에서도 깨어 있는 민중이 있고 그렇지 못한 민중이 있다. 깨어 있는 민중은 하나님의 도구가 될 것이지만 깨어 있지 못한 민중은 오히려 불의한 세력의 지지자요, 동원 세력으로 전락하고 만다.

지금 예수님을 십자가에 못 박으라고 외치는 있는 무리가 누구인가? 그들은 불과 며칠 전 예수님이 예루살렘에 입성할 때 호산나 찬송을 부르던 바로 그 무리였다. 갈릴리의 평화로운 산에서 산상수훈의 말씀을 들었던 무리다. 예수님의 놀라운 기적을 체험하고, 오병이어의 기적을 맛보았던 무리다. 그러나 그런 무리가 이제는 예수 대신 바라바를 살려 주라고 하며, 예수를 십자가에 못 박으라는 외치는 폭도가 되었다. 깨어 있지 않는 민중은 소용이 없다. 성령을 받지 못하고, 예수를 제대로 알지 못하는 민중은 오히려 사단의 도구가 될 뿐이다. 물질의 노예가 된 민중, 축복에만 목말라 하는 성도는 자기의 이익을 위해서 과감히 예수마저도 버리고 말 것이다.

이에 비해 예수님을 살리고자 하는 빌라도의 노력은 매우 가상할 정도입니다. 빌라도는 바라바를 살려주겠지만 "너희가 유대인의 왕이라 하는 이를 내가 어떻게 하랴?"(마가복음 15장 12절)라고 묻는다. 십자가에 못 박으라는 무리를 향하여 "어찜이냐 무슨 악한 일을 하였느냐"(마가복음 15장 14절)라고 반문한다. 누가복음에서는 빌라도가 세 번에 걸쳐서 "이 사람에게 죄가 없도다"는 무죄 선언을 한다. (누가복음 23장 4절, 14절-15절, 22절) 마태복음에서는 빌라도의 아내의 꿈까지 소개하며 예수님을 살리려 애를 썼음을 보여줍니다.(마태복음 27장 19절) 그러나 무리들의 항의에 굴복하여 빌라도는 예수님을 십자가형으로 넘기고 만다. 마태복음에는 최종 판결을 내리면서 빌라도가 자신의 손을 씻는 유명한 장면이 있다. "빌라도가 아무 성과도 없이 도리어 민란이 나려는 것을 보고 물을 가져다가 무리 앞에서 손을 씻으며 이르되 이 사람의 피에 대하여 나는 무죄하니 너희가 당하라 백성이 다 대답하여 이르되 그 피를 우리와 우리 자손에게 돌릴지어다 하거늘"(마태복음 27장 24절-25절)

인간의 집단성은 결국 자신의 기준과 가치를 무너뜨리고 만다. 자신들의 공동체를 지키는 절대적 거룩한 공동체는 없는 것인가? 다음 두 본문을 비교해 보자.

"1. 온 땅의 언어가 하나요 말이 하나였더라 2. 이에 그들이 동방으로 옮기다가 시날 평지를 만나 거기 거류하며 3. 서로 말하되 자, 벽돌을 만들어 견고히 굽자 하고 이에 벽돌로 돌을 대신하며 역청으로 진흙을 대신하고 4. 또 말하되 자, 성읍과 탑을 건설하여 그 탑 꼭대기를 하늘에 닿게 하여 우리 이름을 내고 온 지면에 흩어짐을 면하자 하였더니"(창세기 11장 1절-4절)

"1. 오순절 날이 이미 이르매 그들이 다같이 한곳에 모였더니 2. 홀연히 하늘로부터 급하고 강한 바람 같은 소리가 있어 그들이 앉은 온 집에 가득하며 3. 마치 불의 혀처럼 갈라지는 것들이 그들에게 보여 각 사람 위에 하나씩 임하여 있더니 4. 그들이 다 성령의 충만함을 받고 성령이 말하게 하심을 따라 다른 언어들로 말하기를 시작하니라."(사도행전 2장 1절-4절)

위의 두 공동체의 다른 점을 확인한다면 우리의 공동체와 유대 공동체의 차이점을 발견할 수 있다. 도덕적인 개인, 도덕적인 사회 또한 있을 수 없다. 개인은 하나님과의 절대적인 관계를 통해 선해지며, 개인 또한 공동체가 하나의 몸으로 하나님께 나아갈 때만이 가능하다. 그러므로 니이버가 말한 대안 처럼 '예수의 완전무결한 사랑과 같은 사랑의 법(law of love)'만이 2천 년 전 빌라도나 유대 공동체 같은 비극적인 일들이 사라질 것이다. 지금 우리는 어떤 공동체인가? 사랑의 공동체인가? 아니면 여전히 무고한 자를 해하는 공동체인가?

결론 / 결단 및 행함의 기도

주님 우리의 죄악을 용서하여 주소서, 우리가 하찮은 일에서 경험하는 절망과, 주님의 사랑을 항상 잊어버리는 망각과, 악의 유혹을 떨쳐 버리지 못하는 약함과 주님을 찬양하는 일에 대한 소홀함과, 감사하는 일에 대한 야박함을, 그리고 주님의 약속을 온전히 믿지 못하는 불신과 좋은 일을 할 수 있는 기회들을 모두 소진해 버린 게으름과, 우리가 능동적으로 저지른 죄악들과 수동적으로 지그시 눈을 감아 버림으로 저지른 죄악들과, 우리의 삶속에서 있는 열매 없음을 용서하여 주소서. 주님 우리가 나와 내가 속한 공동체의 절대적인 선의 유일한 적용과 비결은 오직 '예수님의 사랑의 법'에 있음을 알고 그것을 고백합니다. 오직 주님의 그 사랑에 법에 의지하여 살게 인도하여 주소서 예수님의 이름으로 기도합니다. 아멘.

십자가에 못 박혀 죽으시고(1)

—

본문: 갈라디아서 3장 13절 (참고, 이사야 53장 1절-6절)

13. 그리스도께서 우리를 위하여 저주를 받은바 되사 율법의 저주에서 우리를 속량하셨으니 기록된바 나무에 달린 자마다 저주 아래에 있는 자라 하였음이라

서울에서 어떤 30대 된 노처녀가 결혼하여 잉태된 아이가 이상이 있어 산부인과에 가보았더니 복개 수술을 해야 아기도 살고 산모도 살 수 있다는 것이다. 피검사를 해 보니 보통 있는 혈액형이 아니라는 것이다. 이런 피를 가진 사람은 만 명에 하나 정도 밖에 없는 희귀한 혈액형이었다. 그래서 신문과 방송을 통하여 광고를 했으나 그런 혈액을 가진 사람은 나타나지 않았다. 미 8군에서 발간하는 미군 신문에서 광고를 본 한 미군 병사가 달려와 피를 검사하니 같은 형의 피였다. 미군 병사는 여자와 아이에게 자기 피를 빼서 수혈하라고 허락하였다. 그러나 아이와 산모에게 피를 주려면 미군의 생명이 위급할 정도의 과도한 피를 빼야 하는 것이다. 그것을 미군은 승낙하였다. 안타깝게도 그 미군은 과도한 수혈로 끝내 숨을 거두었다. 대신 산모와 아이는 살았다. (네이버 블로그 주의뜰)

나눔 질문

생명이 피에 있다는 의미는 무엇인지 함께 나눠 봅시다.

사도신경에서 예수님에 대한 고백을 가만히 보면, 성령으로 잉태되시고 동정녀 마리아에게서 탄생한 것을 고백한 이후 바로 본디오 빌라도에게 고난을 받으시고 십자가에 달리셨음을 고백하고 있다. 예수님의 33년 생애에 대한 언급이 전혀 없다. 예수님께서 3년여 동안 공생애 활동을 하시면서 하늘나라 복음을 전하시고 숱한 기적과 이적을 행하셨는데 그 내용은 쏙 빠져 있다. 아마 사도들의 생각에 예수님의 지상 생애 가운데 가장 중요한 것은 십자가 사건이기 때문에 사도신경에서는 예수님의 생애에 관한 내용은 과감하게 생략해 버린 것 같다.

* 기독교의 궁극적인 관심: 기독교의 궁극적인 관심은 '잘사는지, 못사는지'에 있지 않다. 심지어는 '정의롭게 사느냐, 불의하게 사느냐'에 있지도 않다. 기독교의 궁극적인 관심은 '사느냐, 죽느냐'에 있다. 영원히 사느냐, 아니면 영원히 죽느냐에 있다.(셰익스피어 작품 '햄릿'에 나오는 대사와도 같다. "To be, or not to be").

예수님은 이 생명의 문제를 해결하러 오셨고, 그래서 십자가에 달려 죽으셨다. 십자가는 생명을 구원하시는 하나님의 방법이었다. 그런데 복음서 기자들은 예수님께서 십자가에 달리시는 장면을 놀라우리 만큼 간략하게 기술하고 있다. "해골이라 하는 곳에 이르러 거기서 예수를 십자가에 못 박고 두 행악자도 그렇게 하니 하나는 우편에, 하나는 좌편에 있더라."(누가복음 23장 33절) "그들이 거기서 예수를 십자가에 못 박을 새 다른 두 사람도 그와 함께 좌우편에 못 박으니 예수는 가운데 있더라.”(요한복음 19장 18절) 사도신경의 고백 역시 간결하기 그지없다. '십자가에 못 박혀 죽으시고.' 십자가 형틀은 인간이 고안한 형틀 중 가장 악독한 것으로 교수형 혹은 총살과는 비교가 되지 않는 끔찍한 것이다. 어떻게든지 고통을 더 주기 위해서 만든 것이다.

복음서의 기자들과 사도들은 그 사실만을 기록하고 거기에 대한 일체의 설명을 생략하고 있다. 그 이유는 복음서 기자들이 볼 때 십자가에 대한 설명을 길게 할 필요가 없었기 때문이다. 복음서의 독자들은 이미 십자가 처형을 익히 잘 알고 있었다. 왜냐하면 그 당시 로마 제국에서 십자가 처형은 흔히 일어나는 일상적 처형 방법이었기 때문이다. 대규모의 십자가 처형 기록만 보더라도 그 당시 십자가 처형이 일상화 되어 있었다는 것을 알 수 있다. 알렉산더 대왕은 두로 섬을 포위 공격 후에 2,000명의 두로 사람들을 십자가에 못 박아 죽였다. 유다 반란이 일어났을 때 '알렉산더 잔내어스'는 800명을 십자가에 못 박아 죽였다. 아우구스투스는 시실리에서 600명을 십자가에 못 박아 죽였다. 하드리안은 단 하루 동안에 500명을 십자가에 못 박아 죽였다. 로마 장군 바루스는 예수님께서 살아 계셨을 때에 갈릴리에서 일어났던 폭동을 진압하면서 2,000명을 십자가에 못 박아 죽였다. 복음서 기자들은 복음서를 기록할 당시의 사람들에게는 십자가 어떻게 생긴 것인지, 그 고통이 얼마나 심한 것인지를 굳이 설명할 필요가 없었다. 이미 너무나도 잘 알고 있었기에 '예수께서 십자가에 못 박혀 죽으셨다.'라는 한 마디로도 충분했던 것이다.

* 십자가에 달리시기까지의 과정: 다만 복음서 기자들은 예수님께서 사형 판결을 받으시고 십자가에 달리시기까지의 과정은 상세하게 서술하고 있다. 그것은 십자가형을 받은 죄수들이 일반적으로 거치는 과정과 거의 같다. 먼저 죄수들은 십자가에 달리기 전에 가죽 채찍으로 매를 맞는다. 예수님은 다른 죄수보다도 더 심한 모욕과 매를 맞으셨다.(마태복음 27장 26절, 마가복음 15장 15절)

"이에 총독의 군병들이 예수를 데리고 관정 안으로 들어가서 온 군대를 그에게로 모으고 28. 그의 옷을 벗기고 홍포를 입히며 29. 가시관을 엮어 그 머리에 씌우고 갈대를 그 오른손에 들리고 그 앞에서 무릎을 꿇고 희롱하여 이르되 유대인의 왕이여 평안할지어다 하며 30. 그에게 침 뱉고 갈대를 빼앗아 그의 머리를 치더라. 31. 희롱을 다한 후 홍포를 벗기고 도로 그의 옷을 입혀 십자가에 못 박으려고 끌고 나가니라."(마태복음 27장 27절-31절) 그리고 나서 죄수들은 형장으로 끌려갔다. 죄수는 사방으로 둘러싸고 있는 로마 병정들 한 가운데 서서 걸어갔다. 또한 죄수는 형장인 골고다 언덕까지 자기가 질 십자가를 지고 가야만 했다. 예수님께서도 자기의 십자가를 지고 형장으로 가셨다.(요한복음 19장 17절) 이것을 미리 염두에 두셨던 예수님은 "누구든지 나를 따라오려거든 자기 십자가를 지고 따라올 것이라"고 말씀하셨습니다.

그러나 요한의 보도와는 달리 공관복음서 기자들은 예수님께서 지고 가시는 십자가가 너무나 무거워서 끝까지 감당치 못한 것으로 그리고 있습니다. 그래서 로마 병정들은 중도에 구레네 사람 시몬에게 예수님을 대신하여 십자가를 지고 가게 하였습니다.(마태복음 27장 32절, 마가복음 15장 21절, 누가복음 23장 26절) 일행이 형장에 도착하면 죄수의 옷은 벗긴다. 로마법에 의하면 죄수의 옷은 처형을 담당하는 군인들이 차지할 수 있었다. 로마의 군병들은 관례대로 예수님의 옷을 벗기고 그 옷을 제비 뽑아 가졌다. 십자기에 못 박기 직전 약간의 자비를 베풀었다. 센 매를 때려 기절하게 만들거나, 유대인들은 약을 넣은 포도주를 먹여서 그의 고통을 감소케 해 주는 관습이 있었다. 예수님께도 이러한 자비가 허락되었지만, 예수님은 거절하셨다. "쓸개 탄 포도주를 예수께 주어 마시게 하려 하였더니 예수께서 맛보시고 마시고자 하지 아니하시더라."(마태복음 27장 34절), 막15:23 "몰약을 탄 포도주를 주었으나 예수께서 받지 아니하시니라."(마가복음 15장 23절). 아마도 자신에게 주어진 고통을 온전히 받으려고 그러신 것 같다. 이것과 마지막 순간에 주어 마시게 한 포도주와 혼동해서는 안 된다. (마태복음 27장 48절, 누가복음 23장 36절, 요한복음 19장 29절) 그리고 십자가에 못을 박았다.

의학적으로 못을 박은 손과 발은 신경이 매우 예민한 곳이어서 조금만 움직여도 고통을 크게 느낀다고 한다. 또한 사람이 십자가에 매달린 상태에서는 혈액순환이 잘 안되어 고통을 받게 되는데, 특히 머리에 있는 혈관이 압력을 받아 팽창하면서 무서운 두통을 느끼게 된다고 한다. 이 모든 괴로움에다 또한 심한 갈증을 느끼게 된다. 십자가에 달리는 것보다 더 고통스러운 죽음은 없을 것이다. 예수님은 이 세상에서 당할 수 있는 최대의 고통과 수치를 몸소 체험하셨다. 이것이 우리에게는 얼마나 감사한 일인지 모른다. 그렇기에 예수님은 인간의 연약함을 익히 아시고 우리의 변호자가 되어 주실 수가 있는 것이다. 그리고 나서 죽었는지를 확인하기 위해 다리를 꺾었다. (요한복음 19장 31절 이하.)

예수님께서 십자가에 달리신 날은 금요일이었다. 유대인들은 안식일에 시체가 십자가에 매달려 있는 것을 싫어하였다.(신명기 21장 22절-23절) 그래서 안식일이 오기 전에 다리를 꺾고(죽음이 빨리 오게 하려면, 또 죽었는지를 확인하기 위해) 시체를 치워줄 것을 빌라도에게 요구하였다. 군병들이 예수님과 함께 달린 두 강도의 다리를 꺾었다. 그러나 예수님께 와서는 다리를 꺾지 아니하고 죽었는지를 확인하기 위해 창으로 옆구리를 찌르니 피와 물이 나왔다. 이것은 예언을 이루기 위함이다.

요한복음 19장 31 "31절. 이날은 준비일이라 유대인들은 그 안식일이 큰 날이므로 그 안식일에 시체들을 십자가에 두지 아니하려 하여 빌라도에게 그들의 다리를 꺾어 시체를 치워 달라하니 32. 군인들이 가서 예수와 함께 못 박힌 첫째 사람과 또 그 다른 사람의 다리를 꺾고 33. 예수께 이르러서는 이미 죽으신 것을 보고 다리를 꺾지 아니하고 34. 그중 한 군인이 창으로 옆구리를 찌르니 곧 피와 물이 나오더라 35. 이를 본 자가 증언하였으니 그 증언이 참이라 그가 자기의 말하는 것이 참인 줄 알고 너희로 믿게 하려 함이니라 36. 이 일이 일어난 것은 그 뼈가 하나도 꺾이지 아니하리라 한 성경을 응하게 하려 함이라."(요한복음 19장 31절-36절).

결론 / 결단 및 행함의 기도

자비하고 거룩하신 하나님, 주님의 그 처절한 고통과 아픔을 생각만 해도 우리에겐 절망적이고 아픔으로 밀려옵니다. 항상 우리 몸에 십자가를 기억하고 새겨야 할 이유가 분명해지고 있습니다. 거룩하신 하나님, 그 사랑과 은혜가 그 고통과 아픔을 스스로 담당하시는 죄에 대한 책임을 자원하여 지셨습니다. 그러하니 주님의 은혜와 사랑을 기억하는 삶이 되어 하나님의 은혜 안에 거하여 항상 감사와 기쁨이 넘치는 삶이 되도록 인도하여 주소서. 예수님의 이름으로 기도합니다. 아멘.

십자가에 못 박혀 죽으시고(2)

—

본문: 베드로전서 2장 24절

친히 나무에 달려 그 몸으로 우리 죄를 담당하셨으니 이
는 우리로 죄에 대하여 죽고 의에 대하여 살게 하려 하심
이라 그가 채찍에 맞음으로 너희는 나음을 얻었나니

　　독실한 크리스천인 어느 신사가 중병에 걸렸다. 그런데 이 신사는 자기 마음속에 하나님에 대한 사랑이 점점 없어져 감을 느끼고 고민하게 되었고, 이 고민을 친한 친구에게 털어놓았다. 이 신사의 이야기를 다 듣고 난 친구는 이렇게 말해 주었다. "자, 예를 들어 이렇게 생각해 보세. 여기서 집으로 돌아가면 아마도 나는 우리 귀여운 아기를 무릎 위에 올려놓고, 그 아이의 부드러운 두 눈을 지그시 바라볼 걸세. 그리고 우리 아기가 들려주는 그 매력적인 음성(물론 제대로 된 말은 아니지만)에 귀를 기울이겠지. 아무리 일에 지쳐 몸이 피곤해도, 이런 천사가 내 곁에 있다는 그 사실 하나만으로도 나는 편안함을 느끼게 된다네. 왜냐하면 우리 아기를 표현할 수 없을 정도로 사랑하기 때문에 그렇지. 그러나 그 아이가 나를 얼마나 사랑할 거라고 생각하나? 아마도 거의 사랑하지 않을 거야. 내가 가슴이 아파 고통스러워해도 우리 꼬마 아가씨는 그냥 잠만 쿨쿨 잘 걸세. 혹 내가 아파서 신음할 때도 이 무심한 천사는 저 혼자만 즐겁게 떠들며 놀 거야. 설사 내가 죽더라도 이 꼬마는 며칠 동안은 나라는 사람을 완전히 잊고 살 테지. 그 밖에도 우리 집 꼬마는 나에게 단돈 1원도 가져다주진 않고 끊임없이 돈을 요구할 거야. 물론 자네도 알다시피 나는 부자는 아니네. 그렇지만 이 세상의 모든 돈을 다 내게 준다고 하더라도 나는 사랑스러운 나의 천사를 포기할 수는 없네. 그렇다면 한번 생각해 보게. 아기가 나를 사랑하는 게 나을까, 아니면 내가 아기를 사랑하는 게 나을까? 우리 아기가 나를 사랑하고 있다는 사실을 확인할 때까지 기다려야 하겠나? 내가 사랑을 베풀기 전에 내가 주는 사랑의 값어치만큼의 무언가를 우리 아기가 내게 해 줄 때까지 기다려야 할까?" 친구의 말에 그 신사는 눈물을 흘리며 이렇게 말했다. "알았네. 내가 생각했어야 하는 것은 하나님에 대한 나의 사랑이 아니라, 나를 위한 하나님의 사랑이어야 함을 이제야 깨달았네. 내가 전에는 하나님을 사랑하지 않았지만, 이제는 하나님을 진정으로 사랑하겠네." (네이버 블로그 오리온)

나눔 질문

하나님이 나를 얼마나 사랑하는가를 자기 경험을 통해 나눠 봅시다.

이전의 말씀 묵상에서 십자가 처형의 사건들과 수많은 십자가형에 대해서 역사적으로 살펴보았다. 그러면 이런 질문이 가능합니다. "왜 많은 사람이 십자가에 달려 죽었는데 예수님의 십자가 사건만이 우리에게 그토록 중요한가?"이다.

첫째, 예수님의 고난은 하나님의 예언자들에 의해 예언된 것이기 때문이다. 우리는 예수님을 이사야 선지자가 예언한 바로 그 분임을 믿는 것이다.

이사야 53장 1절-6절에 "1. 우리가 전한 것을 누가 믿었느냐 여호와의 팔이 누구에게 나타났느냐 2. 그는 주 앞에서 자라나기를 연한 순 같고 마른 땅에서 나온 뿌리 같아서 고운 모양도 없고 풍채도 없은즉 우리가 보기에 흠모할 만한 아름다운 것이 없도다. 3. 그는 멸시를 받아 사람들에게 버림 받았으며 간고를 많이 겪었으며 질고를 아는 자라 마치 사람들이 그에게서 얼굴을 가리는 것 같이 멸시를 당하였고 우리도 그를 귀히 여기지 아니하였도다. 4. 그는 실로 우리의 질고를 지고 우리의 슬픔을 당하였거늘 우리는 생각하기를 그는 징벌을 받아 하나님께 맞으며 고난을 당한다 하였노라. 5. 그가 찔림은 우리의 허물 때문이요 그가 상함은 우리의 죄악 때문이라 그가 징계를 받으므로 우리는 평화를 누리고 그가 채찍에 맞으므로 우리는 나음을 받았도다. 6. 우리는 다 양 같아서 그릇 행하여 각기 제 길로 갔거늘 여호와께서는 우리 모두의 죄악을 그에게 담당시키셨도다."

이사야는 벌써 우리 인간의 죄와 허물을 용서하시기 위해 이 땅에 하나님의 아들이 대속자로 올 것을 예언하였다. (참고: 이사야 40장 8절, 민수기 21장 8절-9절, 이사야 53장 9절, 12절, 시편 22장 16절)

예언자 이사야가 여기서 말하는 '하나님의 종'의 정체가 누구인지에 대해 유대인들은 수 세기 동안 수많은 토론을 했다. 성경 본문만 가지고는 누구를 두고 하는 말인지 결론을 짓기 어렵다. 제자들과 초대 교인들은 부활하신 주님을 만난 다음, 이사야가 예언한 하나님의 종은 바로 예수 그리스도를 가리키는 것이라고 결론지었다. 그리고 그 예언 안에서 메시아가 죽어야 했던 이유를 찾게 되었다. 세례 요한도 예수님을 보자 이렇게 말씀하셨다.

"……보라 세상 죄를 지고 가는 하나님의 어린 양이로다."(요한복음 1장 29절 하반절)

예수님은 이러한 자신에 대한 예언을 잘 알고 있었고, 또한 스스로 여러 번(세 번) 자기가 어떻게 죽어야 하는지를 말씀하셨다. 유대인들은 예수님의 죽음을 하나의 사소한 사건(한 정치범의 죽음)으로 이해했으나 교회는(우리는) 예수님의 죽음을 구약 예언의 성취로서 바라본다.

둘째, 예수님의 십자가의 죽으심은 자원적인 것이기 때문이다. 억지로 피할 수도 있었을 것이다. 그러나 예수님은 피하지 않으셨다. 오히려 자원하셨다. 십자가에서의 죽음은 하나님의 계획안에 있었으며, 예수께서 결단하고 선택한 죽음이다. 첫 번째 수난 예고 후 베드로에게 하신 책망을 보자.

"21. 이때로부터 예수 그리스도께서 자기가 예루살렘에 올라가 장로들과 대제사장들과 서기관들에게 많은 고난을 받고 죽임을 당하고 제 삼일에 살아나야 할 것을 제자들에게 비로소 나타내시니 22. 베드로가 예수를 붙들고 항변하여 이르되 주여 그리 마옵소서 이 일이 결코 주께 미치지 아니하리 이다 23. 예수께서 돌이키시며 베드로에게 이르시되 사탄아 내 뒤로 물러가라 너는 나를 넘어지게 하는 자로다 네가 하나님의 일을 생각하지 아니하고 도리어 사람의 일을 생각하는도다 하시고."(마태복음 16장 21절-23절)

"예수께서 베드로더러 이르시되 칼을 칼집에 꽂으라 아버지께서 주신 잔을 내가 마시지 아니하겠느냐 하시니라."(요한복음 18장 11절)

예수님에게 있어서 십자가의 죽음은 준비된 죽음이었다. 우연도 아니고 돌발적인 사고도 아니다. 십자가를 지지 않으려고 이모저모로 피하다가 마침내 어쩌지 못하고 형을 받은 것이 아니다. 그러므로 어떤 이단자(통일교)들의 주장과 같이 예수님의 고난과 죽음은 실패가 아니다. 오히려 십자가는 하나님의 뜻(목적)을 온전히 이루신 승리의 표상이다.

셋째, 십자가는 하나님의 사랑을 확증하는 것이기 때문이다.

로마서 5장 8절에 보면 "우리가 아직 죄인 되었을 때에 그리스도께서 우리를 위하여 죽으심으로 하나님께서 우리에게 대한 자기의 사랑을 확증 하셨느니라"라고 했다.

우리가 아직 죄인 되었을 때이다. 우리가 의인도 아니고 선인도 아닌 죄인일 때, 누가 우리를 위해서 죽을 만큼 고상한 존재가 못 되는 우리를 위해서 하나님께서 독생자를 보내셔서 대신 죽게 하셨다는 것이다. 이와 같이 예수님의 십자가 사건에는 하나님 사랑의 계시가 담겨 있다. 십자가에는 우리의 죄를 용서하시고 우리를 의롭다고 부르시기 위한 사랑의 계시가 담겨 있다. 아들까지 내어주신 위대한 사랑의 계시다.

넷째, 예수님의 십자가의 죽으심은 대속의 의미를 지니기 때문이다. 이사야 53장 5절-6절을 다시 보면, "5. 그가 찔림은 우리의 허물 때문이요 그가 상함은 우리의 죄악 때문이라 그가 징계를 받으므로 우리는 평화를 누리고 그가 채찍에 맞으므로 우리는 나음을 받았도다 6. 우리는 다 양 같아서 그릇 행하여 각기 제 길로 갔거늘 여호와께서는 우리 모두의 죄악을 그에게 담당시키셨도다." 이것이 예수님의 십자가의 죽음의 핵심이다. 예수 그리스도의 십자가의 죽음은 하나의 '속죄 제사 행위'였다.

예수님 자신의 고백이 중요합니다. 마태복음 20장 28절에 "인자가 온 것은 섬김을 받으려 함이 아니라 도리어 섬기려 하고 자기 목숨을 많은 사람의 대속물로 주려 함이니라." 또한 마태복음 26장 26절-28절의 마지막 만찬에서 "이것은 죄를 사하여 주려고 많은 사람을 위하여 흘리는 나의 피, 곧 언약의 피다."라고 말한다.

사도 바울은 갈라디아서 1장 4절-5절에 이렇게 말씀하셨다. "4. 그리스도께서 하나님 곧 우리 아버지의 뜻을 따라 이 악한 세대에서 우리를 건지시려고 우리 죄를 대속하기 위하여 자기 몸을 주셨으니 5. 영광이 그에게 세세토록 있을지어다. 아멘." 예수님의 십자가의 죽음을 '대속'의 관점에서 잘 설명된 책은 '히브리서'이다. 히브리서는 예수님의 죽음이 대속 제물이었음을 강조한다. 히브리서가 이해한 예수는 한 마디로 속죄 제물이신 예수이다.

"11. 그리스도께서는 장래 좋은 일의 대제사장으로 오사 손으로 짓지 아니한 것 곧 이 창조에 속하지 아니한 더 크고 온전한 장막으로 말미암아 12. 염소와 송아지의 피로 하지 아니하고 오직 자기의 피로 영원한 속죄를 이루사 단번에 성소에 들어가셨느니라 13. 염소와 황소의 피와 및 암송아지의 재를 부정한 자에게 뿌려 그 육체를 정결하게 하여 거룩하게 하거든 14. 하물며 영원하신 성령으로 말미암아 흠 없는 자기를 하나님께 드린 그리스도의 피가 어찌 너희 양심을 죽은 행실에서 깨끗하게 하고 살아 계신 하나님을 섬기게 하지 못하겠느냐 15. 이로 말미암아 그는 새 언약의 중보자시니 이는 첫 언약 때에 범한 죄에서 속량하려고 죽으사 부르심을 입은 자로 하여금 영원한 기업의 약속을 얻게 하려 하심이라."(히브리서 9장 11절-15절)

히브리서 기자는 갈보리 언덕을 하나의 성전으로, 그중에서도 지성소로 생각하고 있다. 그래서 갈보리 언덕에서 십자가에 달려 돌아가시는 예수님을 제단에 바쳐진 제물로 이해했다. 우리의 죄를 대신 속죄하기 위하여 성전에 바쳐지는 제물인 어린 양으로 예수님을 본 것이다.(죄가 없으심에도). 그래서 이렇게 말씀한다.

"……. 피 흘림이 없은즉 사함이 없느니라."(히브리서 9장 22절 하반절)

대속의 죽음이 없이는 죄인이 살 수 있는 길이 없음을 분명히 말씀해 주고 있다.

결론 / 결단 및 행함의 기도

하나님의 사랑은 이론이나 말로 끝나는 것이 아님을 알게 됩니다. 주님의 사랑은 그만한 대가를 지불해야 한다는 것을 다시 한번 확인했습니다. 그러므로 우리는 다시금 주님 앞에서 겸손해야 한다는 것을 깨닫습니다. 우리가 늘 말하는 사랑이라는 말이나 표현 속에 진실됨으로 온전해 지기 위해서는 그 사랑의 무게와 대가를 늘 생각하며 살아야함을 고백합니다. 주님의 사랑은 우리의 악함과 같은 그 대가를 지불하심을 알게 되었습니다. 사랑의 주님 그 사랑을 멸시하거나 무시하지 않고 온전해지는 자리로 나갈 수 있도록 인도하여 주소서. 그 사랑 안에 오늘 저희들이 거하고 있습니다. 그 사랑으로 살게 하여 주소서. 예수님의 이름으로 기도합니다. 아멘.

14일

십자가에 못 박혀 죽으시고(3)

본문: 로마서 5장 8절-11절 15장 15절 (참고, 에베소서 2장 16절-18절)

8. 우리가 아직 죄인 되었을 때에 그리스도께서 우리를 위하여 죽으심으로 하나님께서 우리에 대한 자기의 사랑을 확증하셨느니라. 9. 그러면 이제 우리가 그의 피로 말미암아 의롭다 하심을 받았으니 더욱 그로 말미암아 진노하심에서 구원을 받을 것이니 10. 곧 우리가 원수 되었을 때에 그의 아들의 죽으심으로 말미암아 하나님과 화목하게 되었은즉 화목하게 된 자로서는 더욱 그의 살아나심으로 말미암아 구원을 받을 것이니라. 11. 그뿐 아니라 이제 우리로 화목하게 하신 우리 주 예수 그리스도로 말미암아 하나님 안에서 또한 즐거워하느니라.

서론 / 마음 열기 및 예화: 십자가의 능력을 상실하는 교회

　다음은 어느 노년의 성도가 고백한 내용의 글이다. 내가 알고 있는 시골 교회의 발전과정을 보면서 나는 가끔 요즈음의 교회에 회의를 느낄 때가 있다. 그 교회가 세워진 것은 6.25전쟁으로 어수선하던 때이고, 교회를 세운 주역들도 전쟁 통에 피난 온 피난민들이었다. 그들의 처지와 교회의 모습은 서로 비슷했다. 그때에 그 교회는 찬송 곡조도 제대로 알지 못하는 전도사님이 시무했다. 그의 설교는 자장가와 비슷했고 설교의 격식도, 내용도 빈약했다. 그러나 놀라운 것은 바로 이 교회의 능력이었다. 세상 적으로 내세울 것이 하나도 없었기 때문에 그랬는지는 모르지만 그 교인들은 정말 어리석을 정도로 단순한 십자가의 신앙을 붙들고 있었다. 토담 초가집에 멍석을 깐 예배당에 무릎을 꿇고 소리치며 기도하는 소리가 40년이 지난 오늘까지도 나의 귀에 쟁쟁하게 들려온다.

　그러나 이제 그 교회는 웅장한 예배당을 세우고, 격식에 맞는 설교와 예배가 있고, 그 교회에 출석하는 사람들은 그 마을의 유지가 되었지만 지금 그곳에 가면 그때의 힘이 없다. 그때의 능력을 찾을 수가 없다. 그들의 입은 성공 사례와 교회의 부흥과 거대한 예배당 건물을 이야기하지만, 기도의 소리는 죽었고 그들의 눈은 생기를 잃었다. 나는 텅 빈 예배당 구석에 앉아서 하나의 대답을 얻었다. 그들은 이제 유대인의 종교성도 찾았고, 헬라인의 지혜도 찾았으나, 그 대신 '오직 십자가와 십자가에 못 박히신 예수만을 알기로 하던 그 신앙'을 잃었다는 것을 알았다. 교인들은 이제 격식에 맞는 설교와 예배와 거대한 예배당과 수많은 잘난 교인들에 가려 예수님을 볼 수 없고, 예수님의 십자가를 잃었기 때문이다. 십자가를 잃어 가는 어리석은 한국 교회는 차라리 발전하지 않았으면 좋겠다는 생각마저 든다. 진정 성령의 능력을 되찾기 위해 예수님만을 외치는 교회로 다시 서야 하지 않겠는가? (무명의 예화 집, 십자가 신앙)

─── 나눔 질문 ───

십자가의 능력이란 무엇인가요? 서로 경험을 통해 나눠 봅시다.

사도신경 30일 묵상 CREDO

본론 / 수용하기: 십자가의 능력

　* 십자가의 능력: 지금까지 십자가를 묵상하며 가장 많이 등장한 단어가 '고난'과 '죽음'이다. 그리고 이는 십자가의 능력에서도 동일하다. 고난과 죽음이 어떻게 능력이 되는지 우리는 분명하게 이해하고 그 삶을 살아가야 할 것이다. '능력'이라는 단어는 사전에서는 '어떤 일을 해내는 힘'이라고 정의하고 있다. 이를 풀어서 우리의 상황 속에서 좀 더 쉽게 이해하도록 적용해 보면 '통제력 또는 영향력을 행사하는 힘'이라고 할 수 있다. 정치가들이 하는 것과 같은 그런 모습을 말한다. '권력'이라는 말로 바꾸어 보면 그 의미가 더욱 쉽게 이해될 것이다. 그렇다면 '십자가의 능력'이란 무엇인가? 너무나도 역설적인 이 표현이 갖는 의미는 무엇인가? 십자가에 능력이 있을 수 있는 것인가? 능력이 있다면 어떤 능력이 있는 것인가? 우리가 잘 아는 고린도전서 1장 18절에 "십자가의 도가 멸망하는 자들에게는 미련한 것이요 구원받는 우리에게는 하나님의 능력"이라고 한다. 세상 사람들의 관점과 우리의 관점이 절대적으로 다르다는 것이다. 같은 '십자가'라는 사건을 두고 전혀 받아들이는 관점이 다르다는 것이다. 세상이 보는 관점은 뒤로하고 성경의 관점에서 십자가는 어떻게 능력이 된다는 말인가? 이를 오늘의 본문인 로마서 5장 8절에서는 여러 측면에서 설명해 주고 있다. 우선 십자가 안에서 '하나님의 사랑이 확증'되었기 때문에 그것이 능력이 된다고 말하고 있다. 그리고 그 사랑으로 인해서 구원받을 수 있게 되는데 이를 통해 다시 나타나는 것이 바로 하나님과의 화목과 하나님과 즐거워하는 것이라고 말하고 있다. 즉 십자가를 통

하여 우리가 하나님의 능력과 함께 할 수 있게 됨을 말하고 있는 것이다. 유대인들은 하나님의 능력을 절대적으로 구원을 베푸시는 능력으로 이해했다. 앞에서 보았던 능력의 정의에 비추어 본다면 하나님께서는 모든 것을 통제하시고 영향력을 행사하셔서 우리를 구원하시는 힘이 있으시다는 것이다. 구원이 어떤 의미인지는 우리가 이미 보았기에 그 의미를 대입해 짧게 다시 생각해 본다면 우리를 구원하시는 하나님의 능력은 우리에게 생명을 주시고, 우리를 해방하시는 분으로서 그 하나님의 사랑이 능력이라고 할 수 있는 것이다. 그렇기에 십자가가 능력이 있다는 것이다. 하나님의 구원이 실현되는 방식이 바로 십자가였기 때문이다. 그래서 바울도 십자가를 능력이라고 말한 것이다. 십자가에 못 박히신 예수 그리스도가 바로 하나님의 능력이라는 것이다. 그렇기에 바울은 십자가의 삶을 살았고 그 삶의 방식을 능력이라고 말하는 것이다.

그렇다면 십자가를 따라 살아가는 삶은 어떤 삶인가? 나의 권리를 포기하고 낮아지고 희생하는 삶이다. 약하고 무능력한 삶을 말하는 것이다. 이 약하다는 것은 말 그대로 '약한 것'을 말한다. 약한 척하다가 강력한 펀치를 날리는 것이 아니라, 말 그대로 약한 것이다. 이 약함의 삶을 사는 것이 십자가를 따라 사는 삶이고 능력이 있는 삶인 것이다. 다시 정리해보면, 그리스도인의 능력은 하나님과 하나 되므로 얻을 수 있다. 그리고 하나님과 하나 될 방법은 십자가를 따르는 것이다. 십자가는 약한 것이다. 그래서 우리가 그 약함을 선택하고 따를 때만 하나님의 능력이 임할 수 있는 것이다. 왜냐하면, 약한 그것이 곧, 강한 것이기 때문이다.

사도신경 30일 묵상 CREDO

"그러므로 내가 그리스도를 위하여 약한 것들과 능욕과 궁핍과 박해와 곤고를 기뻐하노니 이는 내가 약한 그 때에 강함이라" (고린도후서 12장 10절)

 * 그리스도인에게 나타나는 십자가의 능력: 십자가의 능력은 예수 그리스도에게 나타났고 그 십자가를 따랐던 사도들에게도 나타났다. 그리고 오늘을 사는 우리 그리스도인들도 십자가를 따른다면 그 능력이 나타날 수 있는 것이다. 우리의 삶 속에서 어떻게 그 능력이 나타날 수 있는지 구체적인 내용을 보도록 하자. 오늘을 살아가는 그리스도인에게 십자가의 능력은 첫째, 거룩한 삶으로의 변화를 가져온다. 십자가를 체험하기 위해서 오늘도 우리의 약함을 자랑하는 자리로 가야 한다. 세상 사람들은 자기를 높이고 자랑한다. 그때, 우리는 나를 낮추고 낮아지는 것을 감사하고 감격하여 낮아진 자리로 가자. 우리의 낮아진 원인과 이유가 '십자가'임을 함께 하는 사람들에게 보일 때, 주님이 높아질 수 있다. 이러한 작은 체험은 우리에게 극적인 변화를 가져오게 된다. 이러한 체험을 통해 우리에게 나타나는 변화는 하나님을 향하는 거룩한 삶으로의 변화를 가져온다. 수많은 믿음의 선조들의 경우에서도 볼 수 있고 오늘날에도 간혹 볼 수 있는 것처럼 사람이 변하는 것을 말한다. 이전의 삶과는 구분되는 하나님을 추구하고 따르려는 삶을 말한다. 거룩한 삶이기에 이는 반드시 도덕적 변화도 수반한다. 세상의 도덕 기준을 초월하는 하나님의 법을 따르기에 당연히 세상의 도덕과 법의 기준도 충족시키는 것이다 더욱 놀라운 것은 이렇게 거룩한 삶으로의 변화는 자기 통제를 가능하게 한다. 일희일비하는 것이 아

니라 어떠한 상황과 고통 중에도 인내할 수 있는 능력을 갖는 것이다.

둘째, 세상의 기준과 가치를 무력화 시킨다. 바울은 '겸손'을 십자가의 능력과 연결시켜서 말한다. 헬라 문화에 있어서 겸손은 결코 미덕이 아니었다. 겸손은 무능력함이고 무지한 것이었다. 십자가의 능력은 그 무지함과 무능력함을 취함으로 세상의 가치와 기준을 무력화 시키는 것이다. 조선시대 한국에 처음 기독교가 들어오고 가장 먼저 문제가 되었던 것이 신분의 문제였다. 기독교를 받아들인 이들 중에는 양반도 있었고 노비도 있었다. 예배 자리에 가보니 양반과 노비가 함께 있는 것이다. 그래서 양반들은 함께 예배드릴 수 없다며 선교사들에게 따로 예배드릴 것을 요구했다. 그러나 그들도 진정한 그리스도인이 되었을 때 회개하고 진심으로 노비들과 함께하며 예배드릴 수 있었다. 오늘날 한국의 상황에 적용해 본다면 낮아지고 검소한 삶이라고 할 수 있을 것이다. 한 조사에 따르면 중학생들이 생각하는 부자의 조건이 40억이라고 한다. 세상은 점점 더 많은 돈을 추구하고 편안함을 넘어 화려하고 사치스러운 삶을 추구한다. 그러나 십자가 능력은 내적인 변화를 가져오며 세상 기준과 가치를 무력화 시켜 검소한 삶을 살도록 한다. 그리하여 세상의 가치와 기준을 무너뜨린다.

셋째, 고난 속에서 승리하는 삶이다. 바울은 고난을 자랑으로 여겼다. 그리고 모든 그리스도인들이 십자가 능력으로 고난을 이기며 살아가기를 원했다.

"38. 내가 확신하노니 사망이나 생명이나 천사들이나 권세자들이나 현재 일이나 장래 일이나 능력이나 39. 높음이나 깊음이나 다른 어떤 피조물이라도 우리를 우리 주 그리스도 예수 안에 있는 하나님의 사랑에서 끊을 수 없으리라" (로마서 8장 38절-39절)

넷째, 십자가 능력은 약한 자를 돌보는 것으로 나타난다. 세상의 가치와 기준을 무력화 시키는 것으로 검소한 삶이 내적인 변화라면 외적인 변화가 바로 약한 자를 돌보는 것이다. 타인의 고통을 나의 고통으로 여기는 것이다. 경제적 어려움에 처한 사람들, 소외된 사람들, 외로운 사람들, 지쳐 쓰러지는 사람들을 우리는 돌보아야 한다. 그리고 이 돌봄에는 그리스도의 마음이 전제되어야 한다. 많은 교회들이 엄청난 돈을 기부하고도 욕먹는 이유가 바로 여기에 있다. 그들을 향해서 진심으로 아파하며 함께하며 돕는 것이 아니라 세상적 기준과 가치와 다를 바 없이 과시하는 모습을 보이기 때문이다. 십자가에 달리신 예수님의 마음으로 약한 자를 돌보아야 하는 것이다.

여전히 오늘날에도 십자가의 도는 세상 사람들에게는 미련하고 실패하는 것일지 모른다. 그러나 구원받은 그리스도인들에게는 하나님의 능력이다. 하나님께서는 예수 그리스도를 통하여 그것을 확증하셨고 오늘을 사는 우리도 십자가를 따라 사는 삶을 통하여 확증하여야 한다. 그렇게 하나님과 화목하고 하나님과 더불어 즐거워해야 한다. 우리의 모든 삶에서 더욱 철저하게 십자가를 묵상하며 십자가의 능력으로 살아가는 하나님의 백성이 되어야 한다.

결론 / 결단 및 행함의 기도

나의 약함이 상대적인 컴플렉스가 아니고, 상처가 아니고 도리어 하나님이 주신 은혜이고 나의 자랑이 되게 하소서. 이러한 약함을 실천하게 하시고 나의 약함이 다른 사람에게 위로가 되게 하시고 힘이 되게 하소서. 십자가의 그 희생과 사랑이 구원의 은혜가 되었듯이 나의 약함과 아픔이 다른 사람을 살리는 자리로 가게 하소서. 예수님의 이름으로 기도합니다. 아멘

다시 살아나시며(1)

본문: 요한복음 20장 29절

예수께서 이르시되 너는 나를 본 고로 믿느냐 보지 못하고 믿는 자들은 복되도다 하시니라

서론 / 마음 열기 및 예화: 부활절의 첫 복음

1884년 갑신정변이 일어난 조선의 정세는 매우 불안하고 혼란스러웠다. 당시 국제 사회는 조선을 '소망 없는 은둔의 땅'으로 보았다. 그러나 황무지이기 때문에 더욱 복음이 증거 되어야 한다고 믿었던 미국의 젊은 선교사들이 있었다. 언더우드와 아펜젤러였다. 그들은 순교의 각오로 파송을 자원했다. 1885년 4월 5일 부활절. 거센 풍랑을 헤치고 한 척의 배가 인천 제물포항에 도착했다. 단순한 입항이 아니었다. 이 나라에 처음으로 복음이 들어오는 감격스러운 순간이었다. 그렇게 부활절에 언더우드와 아펜젤러는 조선 땅을 밟았다. 황무지에 소망의 빛이 비치는 순간이었다. 아펜젤러는 본국에 보낸 첫 선교 보고서에서 이 날의 감동을 이렇게 밝혔다. "우리는 부활절에 이곳에 왔다. 그날 사망의 철창을 쳐부수고 부활하신 주님께서 조선의 결박을 끊어주시고 하나님의 자녀로, 빛과 자유의 세계로 인도해 주시기를 기도했다." (월드미션 뉴스)

나눔 질문

나는 부활을 인정하고 믿는가? 부활을 믿는 나의 삶은 어떻게 변하고 있는가?

본론/수용하기 : 부활의 역사적 사실성

지금으로부터 약 2,000년 전에 성자 하나님께서는 인간의 몸을 입고 이 땅에 오셨다. 우리는 이것을 성육신이라고 부른다. 성육신은 예수 그리스도의 낮아지심(비하)의 시작이었다면, 십자가의 죽음은 낮아지심의 절정이었다. 그리고 부활은 그분의 높아지심(승귀)의 시작이라고 할 수 있다. 왜냐하면 예수님은 부활을 통해 낮아지심의 절정이었던 죽음을 이기셨기 때문이다. 계단에 비유하자면, 예수님의 죽음은 낮아지심의 마지막 계단이었고, 부활은 높아지심의 첫 계단이었다. 부활하신 예수님은 이 첫 계단을 디딘 후에 다음 계단, 승천으로 발걸음을 옮기셨고 이어서 하나님 우편에 앉아 계시고, 장차 그곳에서부터 모든 자를 심판하러 오신다. 여기서 중요한 것은 예수 그리스도의 영광과 부활은 결코 분리 시켜서 생각할 수 없다는 것이다. 그래서 앞으로 두 번에 걸쳐서 그리스도의 부활에 대해 함께 살펴보고자 한다. 첫 번째 주제는 부활의 역사적 사실성이고, 두 번째 주제는 부활의 유익이다. 오늘은 먼저 첫 번째 주제를 함께 나누도록 하겠다. 우리가 예수 그리스도의 부활에 대해 생각할 때, 가장 먼저 강조하고 인정하고 고백해야 할 내용은 부활의 역사적 사실성이다.

* 부활의 역사적 증거들: 2,000년이 지나서, 예수 부활의 역사적 증거를 찾는 것은 녹록지 않은 작업이다. 일단 많은 책과 인터넷을 통해 정리해본다. 대표적인 기독교 변증가인 '윌리엄 레인 크레그'는 수많은 무신론자와의 논쟁에서 대담한 주장을 하였다. 그는 1) 예수님이

무덤에 묻히신 사실에 대한 증인들과 기록들, 2) 무덤이 시체 없이 비워서 발견된 점, 3) 죽으신 후 나타나신 것들에 대한 증인들, 4) 예수님의 부활에 대한 제자들의 믿음의 근원지를 성실하게 설명했다. 일단 수십 권의 역사학적인 책들(신약 성경은 수십 권의 책을 묶은 것이다)이 예수의 부활을 증거로 제시하며 사실로 기록하고 있다. (트로이의 목마에 대한 기록이 몇 페이지밖에 안 된다는 것에 비교하면 대단히 많은 증거이다) 이런 경우는 다른 종교에서는 찾아보기 힘든 주장이다. 마리아, 예수의 제자들을 포함하여 500명 이상의 증인들이 부활한 예수를 목격하였다. 많은 제자가 로마의 억압 속에서 사자 밥으로 죽거나, 톱으로 죽임을 당하면서도 마지막 부활과 천국 소망을 꿈꿨는데, 예수의 부활이 없다는 것을 안다면 목숨을 바치지 않았을 것이다.

 * 바울의 회심: 바울은 예수가 죽었다는 것을 잘 알고, 그리스도인들을 핍박하던 데 열심인 엘리트였다. 그러던 그가 180도 회심한 것은 부활한 예수를 만났던 까닭이다. 그리고 수많은 고통 속에서도 평생 수십만 명을 전도했는데, 만약 부활한 예수를 목격하지 못했다면, 그런 바보 같은 짓을 할 이유가 없다. 초기 기독교의 놀라운 확장 자체가 부활의 증거이다. 기독교는 다른 종교와는 다르게 예수 부활과 천국 소망에 기초하고 있다. 만약, 부활이 없고 예수가 실패한 사기꾼에 불과하다는 것을 알았다면, 제자들은 결코 그렇게 목숨 걸고 전파하지 않았을 것이며, 로마의 탄압 속에 기독교는 바로 소멸했을 것이다.

 * 예수의 실존에 대한 역사적인 증언들: 예수의 존재 자체를 부정하

는 사람들이 있는데, 예수가 존재하지 않았다면 어떻게 기독교 신앙이 발생했고, 어떻게 복음서가 쓰였으며, 그런 꾸며진 신앙을 위해서 많은 초기 크리스천들이 왜 목숨을 내놓았겠는가만 생각해도 황당한 것이다. AD 111년, 터키의 본도와 비두니아 총독이었던 플라니가 황제에게 보낸 편지에는 '크리스천들은 예수 그리스도를 신처럼 섬기고 있으며 황제숭배를 거부하고 있는데 이들을 어떻게 다루었으면 좋겠는지 로마 황제 트라잔에게 조언을 구하고' 있다. (무신론자이지만 예수를 실존 인물로 여기고 있다) - [Epistles(서신)], 10. 96P

2C 초반 행정관이었던 수에토니우스의 기록(로마의 역사 보관 문고 중)-AD 49년 크라우디우스 황제 시절, 예수 그리스도 때문에 로마시에서 유대인들 사이에 폭동이 일어나 유대인들을 로마에서 내쫓았다는 내용중에 '브리스길라와 아굴라가, 유대인들이 이탈리아에서 추방되었을 때 고린도로 왔다'라는 사도행전 18 장 2절의 기록과 정확히 일치한다. (카이사르 들의 생애, 5권), 53p

2C 역사학자 타키투스의 연대기 중 로마 화재(AD64년)에 대한 기록(로마 화재의) 소문을 잠재우기 위해 네로는 (크리스천을)희생양으로 만들어 가장 극악한 형벌을 내렸다. 그들의 예수 그리스도는 티베리우스 통치 시절에 총독 본디오 빌라도에 의해 십자가 처형을 받았다. 이 미신은 잠시 억압되는 것 같았는데 다시 일어났다.

"새로운 종교를 이 세상에 선보인 죄로 팔레스타인에서 십자가형을 받은 자를 섬기는 사람들이 기독교인이다."라고 설명하고 있다. (타키투스, Annals, 15.44.4/ 2C 그리스의 역사학자 루시안의 기록) 시리아의 철학자 '마라바 세라피온'의 기록 AD 70년에 예루살렘 성벽이 무너진 것은, 유대인들이 '지혜의 왕'을 죽였기 때문이었다고 해석한다. 크리스천이 아니지만, 예수를 긍정적으로 생각했다.

AD 67년 로마의 포로가 된 유대 장군이자 역사가였던 요세푸스의 '유대 고대사' "야고보는 그리스도라고 하는 예수의 동생이다"라고 소개했다. "예수는 깜짝 놀랄 만한 일들을 행했고, 많은 유대인과 이방인들이 예수에게로 몰려들었으며, 유대 지도자들의 제안으로 빌라도가 그를 십자가에 처형시켰다고 기록 한다. 바벨론 탈무드 중 산헤드린의 기록에는 마술하고 혹세무민한 혐의로 유월절 전날 예수가 처형되었다.(요세푸스, Antiquities 20, 200P) 유대인들은 가해자 입장이었기에 자신들을 변호하는 입장에서 글을 쓰고 있다. 성경에는 혹세무민했다는 주장이 없다! (산헤드린 43a)

예수의 기적들을 인정한 본디오 빌라도의 상신서는 2C 중엽의 순교자 유스티누스는 예수의 기적에 다음과 같은 말을 하였다. "그분이 그런 일들을 하셨다는 것은, 본디오 빌라도의 상신서로 알 수 있다." 본디오 빌라도의 상신서는 그 당시에는 틀림없이 존재했었겠지만, 지금은 존재하지 않는다.(Ante-Nicene Fathers, 1권),179p

"당연히 그래야 하듯이, ……. 다른 고대 저술 물들에 적용해야 하는 것과 같은 기준을 신약에 적용한다면, 역사상 실재한 인물로서 절대로 의문시되지 않는 이교의 많은 인사의 존재를 부인할 수 없듯이, 예수의 존재도 결코 부인할 수 없을 것이다. (역사가 M. 그랜트, Jesus - An Historian's Review of Gospels), 199~200p

* 근현대의 부활의 증언자들 : 최고의 법률가로 영국의 대법원장이었던 '다아링'경은 증거에 따라 판단하는 재판관으로서 이렇게 말했다. "만일 부활에 대한 증거가 없었다면 나 자신은 기독교인이 될 수 없었을 것이다. 예수 그리스도의 부활에 대하여는 살아있는 충분한 증거가 있으며 세상의 어떠한 법관이라도 예수의 부활은 사실일 수밖에 없다는 판결을 하고 말 것이다."라고 파티의 만찬석에서 자신의 믿음을 고백했다. 또 다른 법률가로 하버드 대학교의 법학 교수였던 '사이먼 그린리프' 박사는 1833-48년까지 16년간 재직하면서 하버드 대학교 법학부를 세계 제일의 수준으로 끌어올리는 데 결정적인 역할을 했고 법정적인 증거에 관하여는 세계 역사상 최고의 권위자로 인정받았다. 그린리프 교수가 예수 그리스도의 부활에 생각을 돌려 그 사건을 법정적 증거에 관한 모든 법률에 비추어 집중적으로 검토해 보고는 "그리스도의 부활은 실제로 일어난 역사적 사건이었으며 그 증거를 정직하게 검토한다면 그것이 사실임을 확신하게 될 것"이라고 결론지었다.

세계 62개국의 600여 개 대학에서 수백만의 학생들에게 강연하며 영향을 끼쳤던 미국의 '조시 맥도웰' 교수는 우루과이의 대학에서 학생들의 질문을 받았는데 "왜 교수님은 기독교를 논박 할 수 없습니까?"라는 질문에 "아주 간단한 이유이지요. 나는 예수 그리스도의 부활이라는 역사적 사건을 발뺌할 수 없기 때문입니다."라고 대답했다. 그는 부활에 관해 연구하고 그 기초를 완전히 조사하기 위해 무려 700 여 시간을 투자한 후 결론을 내렸다. "부활 사건은 가장 사악하고 무자비한 속임수 이거나 아니면 가장 중요한 역사적 사실이다."

영국의 문필가 '프랭크 모리슨'은 "예수의 생애는 위대하지만, 부활은 누군가 신화적 요소를 부여했다."라고 생각했다. 그래서 예수의 생애 중 마지막 며칠의 정황을 지적이고 이성적으로 조사하고 연구하면 부활을 완전히 부정할 수 있으리라고 판단하고 자신의 실력(법적 배경과 훈련)을 총동원하여 그 내용을 조사하고 정리하여 책으로 집필하기 시작했는데 사실에 접근해 가면서 마음을 바꿀 수밖에 없게 되었다. 결국 그는 '누가 돌을 옮겼는가?'라는 베스트셀러를 쓰게 되었고, 그는 책의 서론을 '집필되지 못한 책'이라는 내용으로 시작하였다. 즉 정확하게 조사하고 연구하면 비록 편견으로 시작했을지라도 예수의 부활을 부인하는 책은 집필될 수 없다고 증거하고 있는 것이다.

또한 역사가로서 '로마사'의 저자인 '토마스 아놀드'는 옥스퍼드 대학의 현대 사학과 주임으로 임명되었을 때 부활의 역사적 확실성에 대한 그의 신앙을 이렇게 증언하였다. "예수 그리스도의 생애와 죽음 그리고 부활에 대하여 만족할 만한 증거를 제시할 수 있다. 수많은 사람이 마치 재판정에서 가장 중대한 사건을 처리하듯이 매우 신중하고 철저하게 부활을 조사해 왔다. 나 자신도 다른 사람을 설득하기 위해서가 아니라 나 자신이 믿을 수가 없었기 때문에 나 스스로 만족스러운 답을 얻기 위해 여러 번 조사를 시도했다. 나는 역사가로서 여러 해 동안 다른 시대의 역사에 관해 연구하고 저자와 기록의 증거를 고찰해 보았다. 그 결과 하나님께서 우리에게 주신 가장 위대한 기적, 즉 예수께서 죽으셨고 죽은 자 가운데서 다시 살아나신 부활 사건보다 더 완전히 증명될 수 있는 사실들이 인류 역사에 없다는 것을 알았다."라고 고백했다. 즉, 부활 사건은 인류 역사에서 가장 완전히 증명될 수 있는 사건이라고 증언을 했던 것이다.

사형 선고받고 가장 진실한 상태에서 쓴 한 사형수의 고백 편지가 있다. 1981년 1월 17일 청주 교도소에서 가장 가까운 사람이었던 자신의 아내(이희호 여사)에게 유언을 쓰는 심정으로 고백한 사형수 김대중의 옥중 편지 내용이다. "나는 내 운명이 어떻게 되더라도 모든 것을 주님께 맡기고 그분 뜻대로 이루어지기만을 매일 기도합니다. 나는 온 세상 사람이 예수님을 부인해도 그분을 사랑하겠소. 모든 과학자가 그분의 부활을 조롱해도 나의 신념에는 변함이 없소. 예수님은 인간성만 가지고는 결코 도달할 수 없는 '완전한 사랑'이었으며 그분의 부활은 단순히 신앙으로서가 아니라 역사적 사실로도 의심할 수가 없는 것이오. 만일 부활을 믿지 않으면, 비겁했던 사도들이 예수님 사후에 가졌던 그 용기와 희생적 헌신을 설명할 길이 없으며, 예수님께 적대했던 사도 바울의 회심과 결사적 포교 행각을 설명할 수가 없소. 그리고 수많은 사도 서한과 복음서가 모두 주님의 부활을 근거로 해서 성립되었는데 만일 그것이 사실이 아니라면 각처에서 각기 다른 시기에 쓰인 글들이 그렇게 일치할 수 없을 것이라고 믿으오. 크리스천 신앙의 참된 결단과 갈림길은 우리가 주님의 부활을 사실로 믿느냐와 그렇지 않으냐로 결정되며 나의 절절한 신앙고백으로서 다시 당신에게 전합니다. 그리고 만일 예수님을 믿지 않았던들 우리가 진 수많은 죄에 대한 양심의 가책에서 어떻게 벗어날 수 있을 것인가요. 얼마나 많은 사람이 그러한 가책을 술이나 방탕으로 잊고 도피하는 불행을 저지르고 있습니까? 또한 우리는 주님의 부활을 통한 우리의 영생을 믿기 때문에 이 세상을 고난과 핍박에도 불구하고 의롭게 살려고 노력할 이유와 용기를 갖는 것이 아닙니까?" (김대중 옥중서신 중에서- 그후 1981년 1월 23일 자에 무기로 감형됨) 이처럼 예수 그리스도의 부활은 자세히 연구하고 조사하면 누구도 부인할 수 없도록 증거가 확실한 역사적 사실이다.

결론 / 결단 및 행함의 기도

주님은 살아계십니다. 이것 외에도 더 많은 부활의 역사적, 성경적, 고고학적 사실들, 즉 소위 '펙트체크'를 할 수 있습니다. 주님 그러나 아무리 사람이 사실적인 이야기를 논한다고 하더라도 우리에게 성령이 주시는 믿음이 없으면 어쩔 수 없습니다. 세상적인 증거가 아니라 주님이 우리 안에서 주시는 온전한 믿음으로 승리하고 그를 증거하는 하나님의 사람이 되도록 인도하여 주소서. 부활이 있는 우리의 믿음의 내용으로서의 삶의 변화로 인도하여 주시고 이끌어 주소서. 예수님의 이름으로 기도합니다. 아멘.

다시 살아나시며(2)

본문: 고린도전서 15장 20절-21절

20. 그러나 이제 그리스도께서 죽은 자 가운데서 다시 살아나사 잠자는 자들의 첫 열매가 되셨도다
21. 사망이 한 사람으로 말미암았으니 죽은 자의 부활도 한 사람으로 말미암는 도다

서론 / 마음 열기 및 예화: 3일의 비밀

언제나 즐거움과 기쁨으로 얼굴이 환하게 빛나는 꽃장수 할머니가 있었다. 어느 날 단골손님이 할머니에게 물어보았다.

"언제나 즐거워하시는 것을 보니 할머니는 걱정 근심이 전혀 없으신가 봐요."

"천만에요. 걱정 근심이 없는 사람이 어디 있나요. 내게도 고통스러운 일, 짜증이 나는 걱정거리가 생긴답니다."

"그런데 어떻게 그리도 매일 즐겁게 사실 수가 있어요?"

"나는 '3일의 비밀'을 가지고 산답니다."

"3일의 비밀이라니요? 그게 무엇입니까?"

"3일의 비밀이란, 문제가 생길 때마다 하나님께 그 문제를 해결하시도록 맡겨버리고 조용히 3일을 기다리는 것이라오."

"예수님이 무덤에서 3일 만에 부활하신 것처럼 그 문제가 해결되는 데는 3일이면 족하다오. 때론 숫자대로 3일이 아닐 수도 있지만, 주님의 부활 원리는 늘 같답니다. 그래서 나에게는 어떤 암흑 같은 고난이 와도 사흘 후면 언제나 광명의 찾아온다는 것을 알기에 사는 게 늘 즐겁기만 하지요"

내게 오는 고난과 아픔을 3일의 법칙으로 인내하는 할머니처럼, 우리 또한 부활의 역사를 우리에게 보여주신 주님의 거룩한 인내와 절제를 나눠 봅시다.

본론 / 수용하기: 부활의 성서적 증거들

1. 예수님의 부활은 많은 증인을 확보하는 진실 중의 진실이다. 사도 바울은 여기에 대해 어떻게 말하고 있는가? 고린도전서 15장 3절-8절을 살펴보자. 성경이 예수님의 부활에 대한 역사성을 증거하고 있음을 알아야 한다.

"3. 내가 받은 것을 먼저 너희에게 전하였노니 이는 성경대로 그리스도께서 우리 죄를 위하여 죽으시고 4. 장사 지낸 바 되셨다가 성경대로 사흘 만에 다시 살아나사 5. 게바에게 보이시고 후에 열두 제자에게와 6. 그 후에 오백여 형제에게 일시에 보이셨나니 그중에 지금까지 대다수는 살아 있고 어떤 사람은 잠들었으며 7. 그 후에 야고보에게 보이셨으며 그 후에 모든 사도에게와 8. 맨 나중에 만삭되지 못하여 난 자 같은 내게도 보이셨느니라."

1) 성경대로 사흘 만에 살아났다는 말씀은 무엇을 이야기하는가? 베드로의 시편 인용 설교인 사도행전 2장 25절 "다윗이 저를 가리켜 가로되 내가 항상 내 앞에 계신 주를 뵈었음이여 나로 요동치 않게 하기 위하여 그가 내 우편에 계시도다." 2장 31절에 "미리 보는 고로 그리스도의 부활하심을 말하되 저가 음부에 버림이 되지 않고 육신이 썩음을 당하지 아니하시리라 하더니" 2장 32절에는 "이 예수를 하나님이 살리신지라 우리가 다 이 일에 증인이로다." 또한 고린도전서 15장 3절에는 "내가 받은 것을 먼저 너희에게 전하였노니 이는 성경대로 그리스도께서 우리 죄를 위하여 죽으시고" 예수님의 부활은 성경 예언의 성취라는 것이다. 즉 우연히 일어난 일이 아니라 이미 성경이 예언했던 것이 성취된 것이기 때문에 우리는 부활의 역사성을 더 확실하게 신뢰할 수 있는 것이다. 여기서 말하는 성경은 구약이다. 예수님에게 일어난 사건은 모두 구약과 일치되는 것이다. 다시 말해 예수님은 하나님께서 수천 년 전부터 약속하신 메시야이시다.

2) 증인의 수가 대충 얼마인가? 고린도전서 15장 5절-6절에 "게바에게 보이시고 후에 열두 제자에게와 그 후에 오백여 형제에게 일시에 보이셨나니 그 중에 지금까지 대다수는 살아 있고 어떤 사람은 잠

들었으며" 12제자, 500여 형제, 바울 그렇다면 적어도 513명 이상의 남자가 증인이라는 것을 알 수가 있다. 여기서 말하는 500여 형제란 초대교회의 유력한 지도자들을 말한다. 부활이 실제로 일어났던 사건이 아니라, 사람이 지어낸 거짓말이라면 513명 이상의 사람들이 서로 말을 짜 맞추어야 한다. 과연 그것이 가능한 일인가?

3) 여자들의 증거사례가 다 생략되었다. 그 이유는? 여자들의 증거사례가 생략된 것에는 두 가지 이유가 있다. 첫째, 통계 자료에 유아와 여자의 수는 포함하지 않았던 관례에 의해서이다. 둘째, 여자 증인을 빼놓아도 부활의 진실성을 변호할 수 있는 증인의 수가 충분하다고 생각했기 때문이다.

4) 율법에서는 어떤 사건의 진실 여부를 가리기 위해 최소한 몇 명의 증인을 요구하고 있는가? 부활의 증인은 얼마나 충분한 것인가? 신명기 19장 15절에 "사람이 아무 악이든지 무릇 범한 죄는 한 증인으로만 정할 것이 아니요 두 증인의 입으로나 세 증인의 입으로 그 사건을 확정할 것이며" 율법이 정하고 있는 합법적인 증인 수는 두 명이다. 증인이 두 명 이상만 있으면 합법적인 사건으로 다룰 수 있다. 여기에 비해 500명이 넘는 증인이 있다면 부활은 충분한 증인을 확보한 것이다.

5) 이렇게 많은 증거를 가지고 믿지 아니한다면 무엇이라고 해야 할까? 에베소서 4장 18절에 "저희 총명이 어두워지고 저희 가운데 있는 무지함과 저희 마음이 굳어짐으로 말미암아 하나님의 생명에서 떠나

있도다" 총명이 어두워진 사람, 무지함과 마음이 굳어짐으로 말미암아 하나님의 생명에서 떠난 사람 즉, 불신자이다. 불신자들에게는 예수님의 부활을 믿지 못하는 것이 지극히 당연한 일이지만 성도들에게는 예수님의 부활을 믿는 것이 너무나 당연하다. 목격을 못해서 믿지 못한다면 도마에게 말씀하신 예수님의 말씀을 들어보라.

"26. 여드레를 지나서 제자들이 다시 집안에 있을 때에 도마도 함께 있고 문들이 닫혔는데 예수께서 오사 가운데 서서 가라사대 너희에게 평강이 있을지어다. 하시고 27. 도마에게 이르시되 네 손가락을 이리 내밀어 내 손을 보고 네 손을 내밀어 내 옆구리에 넣어 보라 그리하고 믿음 없는 자가 되지 말고 믿는 자가 되라 28. 도마가 대답하여 가로되 나의 주시며 나의 하나님이시니 이다 29. 예수께서 가라사대 너는 나를 본고로 믿느냐 보지 못하고 믿는 자들은 복되도다 하시니라"(요한복음20장 26-29절) 비록 내가 보지 못해도 성경 말씀을 의지하여 믿어야 한다.

2. 예수님이 부활하신 다음 제자들을 찾아오셔서 무엇을 하셨는가?

1) 마가복음 16장 14절에 "그 후에 열한 제자가 음식 먹을 때에 예수께서 저희에게 나타나사 저희의 믿음 없는 것과 마음이 완악한 것을 꾸짖으시니 이는 자기의 살아난 것을 본 자들의 말을 믿지 아니함일러라" 제자들의 믿음 없음과 마음이 완악한 것을 꾸짖으셨다.

예수님은 본문에서 제자들의 어떤 믿음 없음 때문에 화를 내셨는가?

부활을 목격한 증인들의 말을 믿지 않았다는 사실이 예수님을 화나게 하였다. "이는 자기의 살아난 것을 본 자들의 말을 믿지 아니함일러라." 구체적으로 마가복음 16장 11절에서 "그들은 예수의 살으셨다는 것과 마리아에게 보이셨다는 것"을 듣고도 믿지 않았다. 막달라 마리아가 제자들에게 말했지만 제자들은 '듣고도 믿지 아니하였다.' 또한 13절에는 엠마오로 가던 두 제자가 또 예루살렘으로 돌아와서 예수님의 부활을 전하였지만 '역시 믿지 아니하였다'라고 되어 있다. 마가복음 16장 12절-13절에 "그 후에 저희 중 두 사람이 걸어서 시골로 갈 때에 예수께서 다른 모양으로 저희에게 나타나시니 두 사람이 가서 남은 제자들에게 고하였으되 역시 믿지 아니하니라"라고 말씀한다. 예수님께서 보이신 반응은 무엇인가? 믿지 않는 자들을 책망하심하셨다. 예수님의 책망을 들은 제자들, 때로 성령의 책망은 우리 마음의 어두움을 쫓는다.

2) 나는 이런 책망을 받지 않아도 된다고 생각하는가? 부활하신 주님에 대한 신뢰는 믿음의 기초를 든든하게 해 준다. 나는 성실하시고 영원불변하신 하나님의 말씀을 전적으로 믿기 때문에 나는 책망을 받지 않아도 된다. 제자들에게 부활의 실제를 전한 증인들이 있었던 것처럼 우리에게는 성경의 증인들이 부활을 증거하고 있다. 따라서 우리가 그 증인들의 말을 믿지 않으면 예수님은 제자들을 책망하신 것처럼 동일하게 우리도 책망하실 것이다.

3) 누가복음 24장 25절-27절에 "25. 이르시되 미련하고 선지자들의 말한 모든 것을 마음에 더디 믿는 자들이여 26. 그리스도가 이런

고난을 받고 자기의 영광에 들어가야 할 것이 아니냐 하시고 27. 이에 모세와 및 모든 선지자의 글로 시작하여 모든 성경에 쓴 바 자기에 관한 것을 자세히 설명하시니라" 엠마오로 가던 두 제자의 믿음 없음을 책망하시면서 모든 성경을 자세히 풀어 예수님 자신의 부활에 관한 것을 해석해 주셨다. 즉, 그리스도가 고난을 받고 자기 영광에 들어가야 할 것과 부활하심을 모세와 및 선지자의 글(구약)을 인용하여 설명하여 주셨다.

4) 예수님은 자신의 부활을 다시 살아난 자기 몸을 가지고 증명하시기보다 성경의 말씀을 가지고 증명하심을 통해 내가 여기서 무엇을 배울 수 있는가? 부활 신앙은 경험에 의존하기 것이 아니라 말씀에 의존해야 함을 주님께서 몸소 보여주신 것이다. 우리의 체험이나 다른 것으로 증거하지 말고 성경 말씀을 온전히 믿고 성경에 근거하여 입증해야 한다. 예수님 부활의 진실성을 성경이 해석해 줌으로 증명하는 것이 가장 온전한 길이다. 고린도전서 15장 2절에 "너희가 만일 내가 전한 그 말을 굳게 지키고 헛되이 믿지 아니하였으면 그로 말미암아 구원을 받으리라"

5) 나는 눈으로 보아야 믿지 성경의 기록만으로는 만족할 수 없다고 고집하는 사람은 아닌가? 지금도 그런 유혹이 있다면 어떻게 치료할 수 있다고 생각하는가? 믿음이란 초이성적이고 초경험적인 영역이다. 이해할 수 있거나 경험으로 해결되는 것이 아니기 때문에 믿음인 것이다.

결론 / 결단 및 행함의 기도

　　주님의 부활은 우리에게 새로운 소망이여 은혜의 여정입니다. 부활의 신앙으로 온전히 살아갈 수 있도록 다시 사는 거룩한 생의 역사를 이루어가게 하여 주옵소서. 또한 주님 앞에서 온전하지 못한 모든 삶의 영역들도 주님이 주시는 힘과 능력으로 이겨내게 인도하여 주시고 우리의 삶에 주님 안에서 지속적인 부활의 신앙을 경험하게 인도하여 주소서. 예수님의 이름으로 기도합니다. 아멘.

17일

하늘에 오르사(1)

본문: 사도행전 1장 9절-11절

9. 이 말씀을 마치시고 그들이 보는데 올려져 가시니 구름이 그를 가리어 보이지 않게 하더라

10. 올라가실 때에 제자들이 자세히 하늘을 쳐다보고 있는데 흰 옷 입은 두 사람이 그들 곁에 서서

11. 이르되 갈릴리 사람들아 어찌하여 서서 하늘을 쳐다보느냐 너희 가운데서 하늘로 올려지신 이 예수는 하늘로 가심을 본 그대로 오시리라 하였느니라

서론 / 마음 열기 및 예화: 연줄

한 신학자는 예수의 승천과 초대교회의 신앙의 관계를 설명하기 위하여 이런 우화를 사용하였다. 아버지가 연을 띄우고 어린 아들이 구경하고 있다. 연은 높이 높이 올라가 눈부신 하늘에 보이지 않게 되었다. 아이가 묻는다.

"아빠, 연은 저 위에 지금도 있어?"

"그럼 있고말고."

"난 안 보이는데 아빠는 어떻게 알아?"

"여기 실을 붙잡고 있지 않니. 연이 움직일 때마다 내 손에 느낌이 오거든."

예수의 승천이 초대교회 신도들에게 외로움이 된 것이 아니라 반대로 신앙의 근거와 능력이 된 것은 보이지 않는 연이 손가락에 느껴지듯 살아 움직이시는 주님의 영이 초대 교인들의 가슴에 느끼고 있었기 때문이다. 가장 뚜렷한 체험이 오순절 성령강림의 체험이다. (네이버 블로그 예화 집)

나눔 질문

부활 승천의 신앙을 지금 우리는 어떠한 끈으로 확인하고 있는가?

본론 / 수용하기: 승천의 역사적 사실에 대한 고백

사도신경은 기독교의 신앙고백이다. 사도신경의 특징 중에 하나는 역사 속에서 실제로 있었던 일을 믿음으로 고백한다는 것이다. 이를테면 하나님은 실제로 천지를 창조하셨다. 예수님은 실제로 동정녀의 몸에서 나셨고, 실제로 죽으셨고, 실제로 부활하셨다. 기독교는 이 모든 것이 '역사적 사실(팩트)'이라고 믿는 종교이다. 그리고 오늘 함께 나누게 될 내용 역시 실제로 있었던 일에 대한 믿음의 고백이다. 잊지 말라! 기독교는 단순히 어떤 사상이나 철학을 믿는 종교가 아니다. 기독교는 예수 그리스도께서 역사의 한 가운데서 실제로 행하신 일을 믿는 종교이다. 그러므로 방금 말한 모든 내용을 '실제 있었던 일'이라고 믿지 않는다면, 그 믿음은 중심도 없고, 알맹이도 없는 맹신에 불과하다. 그래서 사도신경은 예수님의 부활이 실제로 있었던 일이었음을 고백한 후에 곧바로 하늘에 오르심-승천에 대한 고백으로 발걸음을 옮긴다. 부활하신 예수님은 하늘로 올라가셨다. 예수 그리스도의 부활이 역사적 사실이듯이, 그분의 승천 역시 실제로 일어난 일이었다. 우리가 함께 읽은 본문은 성경 전체를 통틀어서 예수님이 승천하신 그 장면을 가장 자세하게 설명해 주고 있다. 말씀을 차근차근 살펴보도록 하자.

예수님은 부활하신 후에 40일 동안 여러 사람에게 나타나 보이시고, 하나님 나라의 일-복음을 가르치셨다(사도행전 1장 3절) 그리고 승천하시기 직전에 제자들에게 '땅 끝까지 내 증인이 되라'는 말씀, 지상명령을 하셨다. 예수님은 이 말씀을 마치신 후에 제자들이 보는 앞에서 하늘로 올라가셨다. 얼마나 높이 올라가셨는지는 모르지만, 한 가지 확실한 것은 결코 도약이나 살짝 높이 뜨는 정도가 아니었다는 것이다. 예수님은 분명 하늘을 향해 올라가고 계셨다. 제자들은 그 모습을 자세히 쳐다보고 있었다. 얼마나 신기하고 놀라웠겠는가? 물론 제자들은 부활하신 예수님도 직접 만난 사람들이다. 그래서 하늘로 오르시는 것 정도는 어떻게 보면 그리 신기하지 않다고 생각할 수도 있다. 하지만 그게 그렇지가 않다. 왜냐하면 제자들은 부활하신 후의 예수님을 만났을 뿐이지, 예수님이 부활하시는 장면을 본 것은 아니기 때문이다.

어떤 일이 벌어지고 있는 장면을 목격하는 것과 다 일어난 후의 일을 보는 것은 차원이 다르다. 스포츠 경기를 생각해 보면 금방 이해가 될 것이다. 점수(스코어)가 적힌 전광판을 보는 것과 득점하는(골을 넣는) 장면을 보는 것은 그 감동이나 짜릿함에 있어서 비교가 안 된다. 마찬가지다. 부활하신 예수님이 바로 눈앞에서 하늘로 올라가고 있다. 한 번 상상이나 해 보자. 처음에 어떻게 시작됐을까? 사뿐히 떠오르셨을까? 강한 바람이 불었을까? 하늘은 맑았을까? 얼마나 높이 오르셨을까? 구름이 예수님을 둘러싼 것일까? 아니면 예수님이 구름 속으로 들어가신 것일까? 물론 다 알 수 없다. 어쩌면 그 장면을 실제로, 그것도 바로 앞에서 목격한 제자들조차도 너무 신비롭고 놀라워서, 영광스러워서 어안이 벙벙했을지도 모른다. 그래서 그저 멍하니 그 모습을 자세히 쳐다보고 있었던 게 아닐까? 아무튼 제자들이 하늘을 자세히 쳐다보고 있는 동안 구름이 예수님을 가렸고, 제자들은 더 이상 예수님을 볼 수 없게 되었다. 그래도 제자들은 하늘에서 눈을 떼지 못했다. 그때 흰옷 입은 두 사람(천사)이 제자들 곁에서 이렇게 말한다.

"이르되 갈릴리 사람들아 어찌하여 서서 하늘을 쳐다보느냐 너희 가운데서 하늘로 오르신 이 예수는 하늘로 가심을 본 그대로 오시리라 하였느니라." (사도행전 1장 11절)

여기서 흥미로운 점은 9절-11절 사이에 '본다'는 말이 무려 5번이나 나온다는 것이다. '그들이 보는데', '보이지 않게 하더라', '하늘을 쳐다보고 있는데', '하늘을 쳐다 보느냐', '본 그대로 오시리라', 본문

사도신경 30일 묵상 CREDO

은 왜 이렇게 '보는 것'을 강조하고 있을까? 예수님의 승천이 결코 거짓이 아니라, 실제로 있었던 일이라는 사실을 나타내기 위해서이다. 그렇다. 하늘에 오르신 예수님은 제자들이 목격한 모습 그대로 다시 오실 것이다. 이처럼 승천의 역사적 사실성은 매우 중요한 문제이다. 만약 승천이 실제로 있었던 일이 아니라 꾸며낸 이야기거나 혹은 상징적이고 비유적인 의미라면, 예수님의 재림 역시 꾸며낸 이야기거나 상징적이고 비유적인 의미에 불과하게 된다. 만약 그렇다면 우리는 무엇 때문에 예수 그리스도를 믿어야 하는가? 무슨 근거로 구원과 천국에서의 영원한 삶을 기대할 수 있겠는가? 그러나 예수님은 실제로 승천하셨고, 마찬가지로 실제로 재림하실 것이다. 우리는 이 사실을 굳게 믿고 하늘로 올라가신 그대로 다시 오실 예수님을 기다려야 한다.

그렇다면 예수님은 왜 하늘로 오르셨는가? 하늘은 하나님이 계신 곳이기 때문이다. 물론 하나님은 영이시기 때문에 하늘뿐만 아니라 땅에도 계시고 바다에도 계시고 모든 곳에 다 계신다. 그럼에도 하나님이 하늘에 계시다고 하는 이유는 '하늘'이 가지는 상징적인 의미 때문이다. 우리는 흔히 '하늘'하면 한 차원 높고, 고상하고 이상적인 곳이라 여기고 또 그렇게 표현한다. 그러니까 여기서 말하는 하늘은 눈앞에 펼쳐진 '공중', '상공', 혹은 '우주 저편 어딘가'가 아니라 영적이고 상징적인 의미에서 '하늘'이다. 이런 이유에서 성경은 하늘을 하나님이 계신 곳이라고 하는 것이다. 그래서 예수님은 '하나님 아버지께로 돌아간다'것을 나타내시기 위해 하늘로 오르신 것이다. 그리고 예수님이 하늘로 올라갈 수 있는 이유는 예수님은 하늘에서 내려오신 분이시기 때문이다.

"하늘에서 내려온 자 곧 인자 외에는 하늘에 올라간 자가 없느니라"(요한복음 3장 13절) "내가 아버지에게서 나와 세상에 왔고 다시 세상을 떠나 아버지께로 가노라 하시니"(요한복음 16장 28절)

결론 / 결단 및 행함의 기도

역사의 주인이신 주님, 주님의 승천은 우리에게 우리의 삶에 대해 다시금 고백하고 고민하게 합니다. 어떻게 살아야 하는지를 주님이 우리에게 보여주십니다. 어떤 경우이던 간에 주님은 우리를 다시 승귀케 하실 것입니다. 부활케 하실 것입니다. 삶의 어려움과 아픔도 부활로서의 회복으로 고통과 절망도 부활의 은혜로서의 치유와 나음으로 인도하실 것을 믿습니다. 그러한 주님의 역사 가운데 서게 하심을 감사드립니다. 예수님의 이름으로 기도합니다. 아멘.

하늘에 오르사(2)

본문: 요한복음 16장 7절

그러나 내가 너희에게 실상을 말하노니 내가 떠나가는 것
이 너희에게 유익이라 내가 떠나가지 아니하면 보혜사가
너희에게로 오시지 아니할 것이요 가면 내가 그를 너희에
게로 보내리니

서론 / 마음 열기 및 예화: 우리는 무엇으로 가득한가?

술 취한다는 것은 우리가 술의 영향력 또는 통제력 하에 있다는 것이다. 술에 취한다는 것은 우리의 기능들, 우리의 마음, 우리의 감정, 우리의 의지, 우리의 행동이 모두 다른 영향력 하에 있다는 것이다. 그 사람이 마신 것이 말하자면 그를 통제하고 있는 것이다. 적어도 그것이 우리가 보통 그것에 대해 생각하는 방식이다. 그것이 성령의 충만함을 받는 것의 의미를 이해하도록 돕기 위해 성경 자체가 사용하고 있는 예증이다. 하지만 그와 똑같은 것을 시사 할 또 다른 몇 개의 유추들을 여러분에게 말 하고자 한다. 예를 들어, 우리는 종종 활력이 넘치는(full of life) 것에 대해 말한다. 또는 어떤 사람이 어떤 순간에 정말 어떤 것으로 '충만하다'고 말한다. 어떤 사람은 아마도 여름휴가를 외국에서 보내려고 생각하고 있을지도 모르며, 그러면 우리는 그가 정말로 그 생각으로 가득 차 있다고 말합니다. 이 말은 그가 분명, 이 생각에 사로잡혀 있다는 의미이다. 그를 만날 때마다 그는 그것에 대해 말한다. 그는 그것으로 충만해 있는 것이다. 마찬가지로 우리는 어떤 생각으로 가득 차 있는 것, 어떤 관심으로 가득 차 있는 것, 심지어 어떤 사람으로 가득 차 있는 것에 대해 말한다. 그것은 우리가 어떤 관심사 또는 사람, 또는 무엇이 되었건 간에 그것에 의해 통제를 받는다는 의미한다. 우리는 그것으로 가득 차 있다. 그것은 우리가 몰두하게 하고 우리를 통제한다. (로이드존스, 요한복음 17강 강해 4번째 성령 충만이란?)

나눔 질문

여러분의 머릿속에 가득한 그것은 무엇인가?

본론/수용하기 : 예수님은 누구신가?

예수님이 누구신가? 하나님이시다. 그래서 하나님이 계신 곳, 하늘
로 올라갈 수 있는 것이다. 그러면 예수님은 왜 하나님 아버지께로 돌
아가셔야 했는가? 이왕 부활하셨으니 이 세상에서 계속, 혹은 조금 더
머무시면 안 되는가? 감히 우리의 짧은 소견으로 그분의 뜻을 다 헤아
릴 수는 없다. 그러나 성경의 다른 본문들을 통해 깨달을 수 있는 것은
승천 역시 예수 그리스도의 구원 사역의 한 부분이었다는 것이다. 구
약 시대에는 제사장이 희생 제사를 드린 후에 희생 제물의 피를 가지
고 지성소 안으로 들어가서 죄를 범한 백성과 그들의 죄로 인해 더러

워진 회막을 위해 피를 뿌려야 했다.

　　"14. 그는 또 수송아지의 피를 가져다가 손가락으로 속죄소 동쪽에 뿌리고 또 손가락으로 그 피를 속죄소 앞에 일곱 번 뿌릴 것이며 15. 또 백성을 위한 속죄제 염소를 잡아 그 피를 가지고 휘장 안에 들어가서 그 수송아지 피로 행함 같이 그 피로 행하여 속죄소 위와 속죄소 앞에 뿌릴지니 16. 곧 이스라엘 자손의 부정과 그들이 범한 모든 죄로 말미암아 지성소를 위하여 속죄하고 또 그들의 부정한 중에 있는 회막을 위하여 그같이 할 것이요 17. 그가 지성소에 속죄하러 들어가서 자기와 그의 집안과 이스라엘 온 회중을 위하여 속죄하고 나오기까지는 누구든지 회막에 있지 못할 것이며"(레위기 16장 14절-17절) 그런데 히브리서를 보면, 이 장면을 상기시키면서, 예수 그리스도께서 제물(염소와 송아지)의 피가 아니라 당신의 피로 영원한 속죄를 단번에 이루셨다고 선포하는 내용이 나온다.

　　"염소와 송아지의 피로 하지 아니하고 오직 자기의 피로 영원한 속죄를 이루사 단번에 성소에 들어가셨느니라."(히브리서 9장 12절)

　　즉 예수께서 당신의 피를 가지고 진정한 지성소인 하늘로 들어가신 것이다. 참고로, 이 세상을 칭하는 것은 성소 밖, 애굽, 죄가 통치하는 곳이며, 교회는 부름 받은 공동체, 건물로서의 교회가 아니라, 공동체로서의 교회, 교회는 성소이면서 우리가 주 예수님과 함께 하는 인생의 여정 전체가 교회이다. 그러므로 교회는 공간이자, 시간이고, 시간이자 동시에 우리의 삶이다. 부름 받은 자의 삶이 '교회'이다. 여기는 성소이다. 이곳에서는 우리의 죄를 사해지는 칭의의 역사와 성화가 있고, 지성소인 저 하늘은 영화로써 아버지 하나님과 영원히 함께한 나라이다. 우리의 모든 죄가 완전히 사함 받게 되었다. 이처럼 예수님의 승천이 구원 사역의 한 부분을 차지한다는 것을 분명하게 확인할 수 있다. 뿐만 아니라 예수님께서는 부활하시기 전부터 하늘에 오르실 것이라고 분명하게 말씀하셨다. 그리고 당신이 떠난 후에 성령을 보내주시겠다고 약속하셨다.

"그러나 내가 너희에게 실상을 말하노니 내가 떠나가는 것이 너희에게 유익이라 내가 떠나가지 아니하면 보혜사가 너희에게로 오시지 아니할 것이요 가면 내가 그를 너희에게로 보내리니"(요한복음 16장 7절)

그러므로 우리는 예수 그리스도께서 성령을 보내시기 위해 하늘에 오르셨다고 짐작할 수 있다. 그리고 이것은 곧 새로운 시대인 '성령 시대'의 시작을 알리는 것이었다. 성령시대는 곧 교회 시대이다. 부활하신 예수님은 성령님을 보내심으로써 새로운 시대에 맞는 새로운 방식으로 일하시기 원하셨다. 예수님께서 직접적으로 사역하시는 것이 아니라, 이제 당신의 교회를 통해서 뜻하신 바를 이루고자 하신 것이다. 이 말은 곧 예수님께서 보내신 성령을 받은 그분의 제자들, 그러니까 교회가 예수님의 사역을 대신해야 한다는 뜻이다. 이런 의미에서 예수님의 승천은 제자들을 가르치고 훈련시키기 위한 시청각 자료이며, 동시에 표적이라고 할 수 있다. 눈앞에서 멀어져 가는 예수님을 바라보면서 이제 제자들은 그분께서 직접 무엇인가를 해주시길 바랄 것이 아니라, 그분이 보내신 성령님을 힘입어서 자신들이 직접 주를 위해 힘써 나가야 한다. 이 사실을 분명히 밝혀 주는 말씀이 바로 사도행전에 나타나 있다.

부연하면, 예수님과 성령님은 동일하시다. 그러나 이제 방법론적인 차원에서 예수님은 '인카네이션'한 한 몸으로서, 제한된 육체로서이 땅에 한 지역에 국한된 사람에게 역사했지만, 그 놀라운 역사는 전세계를 품고 전 세계를 사역해야 하기 때문에 그 방법으로서 '성령'의 임재의 가장 효율적이고 효과적이고 영적인 역사이기에 성령을 주신 것이다. 예수님이 우리와 함께 함에 대한 전 지구적인 영성의 방법이 성령인것이다.

"오직 성령이 너희에게 임하시면 너희가 권능을 받고 예루살렘과 온 유대와 사마리아와 땅 끝까지 이르러 내 증인이 되리라 하시니라"(사도행전 1장 8절)

예수께서 보내신 성령이 임하면 제자들은 성령의 능력을 힘입어서 땅끝까지 예수 그리스도의 증인이 되어야 한다. 예수님은 이 말씀대로 성령을 보내 주셨고, 이로써 "고아같이 너희를 버려두지 않겠다"(요한복음 14장 18절)는 약속도 지키셨다. 한 걸음 더 나아가서 승천하신 예수님께서는 지금도 우리를 위해 기도하시고(히브리서 7장 25절), 우리의 죄를 변호해 주시고 용서해 주신다.(요한일서 2장 1절) 그래서 우리의 영혼은 안전하고 우리의 구원은 확실하다. 그러므로 우리는 하늘에 계신 예수 그리스도를 바라보면서 주님의 뜻을 구하고 그 뜻대로 살아가기 위해 힘써야 한다.

"그러므로 너희가 그리스도와 함께 다시 살리심을 받았으면 위의 것을 찾으라 거기는 그리스도께서 하나님 우편에 앉아 계시느니라"(골로새서 3장 1절)

예수님은 우리의 믿음이 자라길 원하신다. 우리가 성숙한 제자가 되길 요구하신다. 이와 관련된 말씀이 얼마나 많은지 모른다. 에베소서 4장 15절에 "오직 사랑 안에서 참된 것을 하여 범사에 그에게까지 자랄지라 그는 머리니 곧 그리스도라" 베드로전서 2장 2절에 "갓난 아기들같이 순전하고 신령한 젖을 사모하라 이는 그로 말미암아 너희로 구원에 이르도록 자라게 하려 함이라" 디모데전서 4장 15절에 "이 모든 일에 전심전력하여 너의 성숙함을 모든 사람에게 나타나게 하라"

말씀처럼 우리는 지금보다 조금이라도 더 성숙한 성도가 믿음의 사람이 되어야 한다. 왜냐하면 예수님은 2,000년 전에 하늘로 올라가셨고, 약속대로 우리에게 성령을 부어주셨기 때문이다. 그러므로 우리는 흰옷 입은 두 사람의 말처럼 '가만히 서서 하늘을 쳐다보고' 있을 것이 아니라, '승천하신 모습 그대로 다시 오실' 예수님을 기대하고 사모하며 우리에게 맡겨진 책임과 사명을 성실히 감당해야 한다. 이를 위해서 우리는 항상 말씀 안에 거해야 하고, 깨어 기도해야 한다. 그리고 우리의 인격과 성품을 다듬어야 한다. 세상 속에서 정직하고 순결하게 살아가야 한다. 좀 더 구체적으로 말하자면, 돈 문제에 있어서 깨끗해야 하고, 성 문제에 있어서 순결해야 한다. 항상 다른 사람을 인격적으로 대해야 하고, 매사에 성실하게 임해야 한다. 게으른 자가 되어서는 안 된다. 앞뒤가 다른 사람이 되어서는 안 된다. 못 미덥고 의심스러운 사람이 되어서는 안 된다. 우리는 그야말로 '이 모든 일에' 전심전력해야 한다. 이렇게 살다 보면 불편한 점이 이만 전만이 아닐 것이다. 때로는 손해를 볼 수도 있고, 뜻밖의 피해를 입을 수도 있다. 하지만 하늘을 바라보는 사람은 땅을 바라보는 사람과 본질적으로 다르게 살아야 한다. 승천하신 예수 그리스도를 기다리는 사람은 이 땅에서의 삶만 생각하는 사람과 달라야 한다. 예수 그리스도께서 보내신 성령님을 받은 사람은 영이 죽은 자들과는 다르게 살아야 한다. 이것이 우리의 사명이고, 책임이며 삶의 방식이다.

결론 / 결단 및 행함의 기도

주님, 죄악으로 가득한 우리를 성령 충만하여 주님이 주시는 선한 것으로 가득하게 인도하여 주소서. 예수님의 이름으로 기도합니다. 아멘.

하늘에 오르사(2)

본문: 베드로전서 3장 22절

그는 하늘에 오르사 하나님 우편에 계시니 천사들과 권세
들과 능력들이 그에게 복종하느니라.

빈 무덤의 다른 하나의 모습은 예수님의 시체 뉘었던 곳의 머리 편과 발 편에 흰옷 입은 천사가 앉아 있었다는 것이다. 이는 지성소의 법궤 위에 새겨진 두 그룹과 관련된 것이다. 지성소의 법궤 위에는 두 그룹이 만들어져 있었다. 그룹은 하나님의 병거의 역할을 하는 천사다. 하나님의 보좌라고 하겠다. 하나님을 모시고 하나님께서 원하시는 대로 온 우주를 운행하며 하나님의 뜻을 수행하는 존재이다. 그룹이 법궤 위에 만들어져 있는 것은 법궤가 하나님의 보좌로서 하나님께서 임재해 계신다는 것을 나타낸다. 지성소는 단순히 하나님의 임재의 상징이 아니라 하나님께서 임재해 계시는 곳이다. 옛 언약의 시대에 하나님께서는 성막과 그 이후 시대에는 성전의 지성소에 임재하셔서 그의 백성들을 만나셨다.

이러한 지성소의 법궤 위의 두 그룹과 같은 의미로서 빈 무덤은 계시 되고 있다. 비록 예루살렘의 돌 성전에 지성소가 있는 것은 사실이지만 그곳에는 더 이상 하나님께서 계시지 않는다. 예수님의 무덤이 바로 지성소가 되었기 때문이다. 예수님의 부활은 자신의 죽음으로 새 지성소를 만드시고 그곳에서 그분이 하나님으로서 온 우주를 통치하게 되었다는 것을 말한다. 그룹으로서 두 천사는 있지만 시신은 없다. 예수님께서 살아나셔서 그룹을 대동하고 온 우주를 운행하며 통치하실 것이기 때문이다. 부활하신 예수님께서 갈릴리의 한 산에서 제자들을 만나셔서 "하늘과 땅의 모든 권세가 내게 주어졌으니"(마태복음

28장 18절)라고 말씀하신 것과 같다. 예수님께서 원래부터 자신의 소유이었던 온 우주를 다스리는 권세를 돌려받으시고 그룹들을 병거로 삼아 온 우주를 운행하며 통치하시게 되었다. 예수 그리스도께서 주님으로서 온 우주를 통치하시게 된 것이다.

예루살렘의 돌 성전은 일정 기간 후에는 완전히 파괴될 것이다. 하나님께서 그 영광을 거두신 하나님의 집은 결국 하나님에 의해 버려지게 된다. 이는 이전 언약의 역사에서 반복되었던 패턴이다. 하나님께서는 한번 떠났던 집으로는 다시 돌아가지 않으신다. 새집을 지으시고 새집으로 들어가신다. 이제 하나님께서는 옛 언약의 백성으로서 이스라엘이라는 하나님의 집을 파괴하시고 새 언약의 백성으로서 교회라는 집을 건설하실 것이다. 실제로 주후 70년에 하나님께서는 예루살렘 멸망과 돌 성전 파괴를 통하여 옛 언약과의 관계를 완전히 단절하셨다. 예수님의 부활, 하늘과 땅의 모든 권세를 가지시고 이루어지는 통치는 일차적으로 순종하지 않는 하나님의 백성 곧 하나님의 집을 파괴해 버리시는 것이다. 이는 새 언약의 백성으로서 하나님의 집인 교회라고 예외가 아니다. 에베소 교회에 대하여 '촛대를 옮기시겠다'(요한계시록 2장 5절)고 하신 말씀이나 라오디게아 교회에 대하여 '토하여 내치리라'(요한계시록 3장 16절)는 말씀이 그러하다. 바울 사도는 믿으므로 선 로마 교회에 대하여 인자에 거하지 않으면 로마 교회도 찍히는바 되리라고 선언하였다(로마서 11장 22절)

하나님의 백성이 진노를 피할 수 있는 길은 오직 하나 마음으로 회개하는 것이다. 마음으로 회개하지 않으면 하나님의 백성이라고 하더라도 진노를 벗어날 수가 없다. 어떤 하나님의 백성들은 회개함으로 진노에서 벗어나지만 어떤 백성들은 회개하지 않았고 그들은 진노를 따라 영원한 멸망을 받았다. 회개는 잘못된 삶의 방향에서 하나님께서 원하시는 방향으로 돌아서서 걸어가는 것이다. (네이버 블로그 아가페 교회)

나눔 질문

우리는 하나님의 집에서 거하는가? 아니면 빈 무덤에 거하는가?

예수님은 이같이 전능한 하나님 우편에 앉아 계신다. 대체로 성경에서는 오른편을 좋은 곳으로, 왼편은 좋지 않은 곳으로 표현하고 있다. 마태복음 24장에는 마지막 심판의 비유가 나온다. 그리스도가 세상 모든 사람을 오른편과 왼편으로 각각 갈라놓는데 오른편에는 칭찬받을 사람들을, 왼편에는 벌을 받을 사람들을 앉게 한다. 그러므로 예수님께서 승천하여 하나님의 자리에 가서 하나님과 함께 계신다면 의례 하나님 우편에 앉아 계시게 될 것이다.

마가복음 16장 19절 "주 예수께서 말씀을 마치신 후에 하늘로 올리우사 하나님 우편에 앉으시니라"고 했고, 유대인들에게 돌로 맞아 순교하던 스데반도 예수님께서 하나님 우편에 계신 것을 보았다. 사도행전 7장 55절 "스데반이 성령 충만하여 하늘을 우러러 주목하여 하나님의 영광과 및 예수께서 하나님 우편에 서신 것을 보고" 그런데 우리는 여기서 예수님께서 '하나님 우편에 앉아 계신다'는 고백을 어떤 장소를 의미하는 것으로만 이해하면 안 된다. 더구나 우편은 좋은 곳으로 생각하고, 좌편은 나쁜 곳으로 생각해서는 안 된다. 만약 그렇다면 하나님 나라에는 나쁜 것이 있다는 것이 되는데 하나님 나라에는 나쁜 것이 있을 수 없다. 더욱이 하나님은 육체를 가지지 않으셨으므로 우편이나 좌편이 있을 수 없다.

'하나님 우편'이란 하나님과 동등한 신분과 능력과 영광과 지위를 의미한다. 이 말은 그리스도께서 하늘과 땅의 지배권을 받으셨음을 뜻한다. '예수 그리스도께서 하나님 우편에 앉아 계시다'는 말은 그가 왕이 되심을 뜻한다. 요한계시록 1장 5절 "또 충성된 증인으로 죽은 자들 가운데에서 먼저 나시고 땅의 임금들의 머리가 되신 예수 그리스도로 말미암아 은혜와 평강이 너희에게 있기를 원하노라" 5장에서는 "큰 음성으로 이르되 죽임을 당하신 어린 양은 능력과 부와 지혜와 힘과 존귀와 영광과 찬송을 받으시기에 합당 하도다 하더라 내가 또 들으니 하늘 위에와 땅 위에와 땅 아래와 바다 위에와 또 그 가운데 모든 피조물이 이르되 보좌에 앉으신 이와 어린 양에게 찬송과 존귀와 영광과 권능을 세세토록 돌릴 지어다 하니 네 생물이 이르되 아멘 하고 장로들은 엎드려 경배 하더라"(요한계시록 5장 12절-14절).

빌립보서 2장에는 "너희 안에 이 마음을 품으라 곧 그리스도 예수의 마음이니 그는 근본 하나님의 본체시나 하나님과 동등 됨을 취할 것으로 여기지 아니하시고 오히려 자기를 비워 종의 형체를 가지사 사람들과 같이 되셨고 사람의 모양으로 나타나사 자기를 낮추시고 죽기까지 복종하셨으니 곧 십자가에 죽으심이라 이러므로 하나님이 그를 지극히 높여 모든 이름 위에 뛰어난 이름을 주사 하늘에 있는 자들과 땅에 있는 자들과 땅 아래에 있는 자들로 모든 무릎을 예수의 이름에 꿇게 하시고 모든 입으로 예수 그리스도를 주라 시인하여 하나님 아버지께 영광을 돌리게 하셨느니라"(빌립보서 2장 5절-11절)

히브리서 1장에는 "이 모든 날 마지막에는 아들을 통하여 우리에게 말씀하셨으니 이아들을 만유의 상속자로 세우시고 또 그로 말미암아 모든 세계를 지으셨느니라 이는 하나님의 영광의 광채시요 그 본체의 형상이시라 그의 능력의 말씀으로 만물을 붙드시며 죄를 정결하게 하는 일을 하시고 높은 곳에 계신 지극히 크신 이의 우편에 앉으셨느니라"(히브리서 1장 2절-3절)고 말씀하는데, 이것은 예수님이 만유의 후계자이며, 하나님과 함께 세상을 창조하였을 뿐만 아니라 하나님의 본체를 소유하신 위엄 있는 분이라는 것이다.

요한계시록 1장에서 "촛대 사이에 인자 같은 이가 발에 끌리는 옷을 입고 가슴에 금띠를 띠고 그의 머리와 털의 희기가 흰 양털 같고 눈 같으며 그의 눈은 불꽃같고 그의 발은 풀무불에 단련한 빛난 주석 같고 그의 음성은 많은 물소리와 같으며 그의 오른손에 일곱별이 있고 그의 입에서 좌우에 날선 검이 나오고 그 얼굴은 해가 힘 있게 비치는 것 같더라 내가 볼 때에 그의 발 앞에 엎드러져 죽은 자 같이 되매 그가 오른손을 내게 얹고 이르시되 두려워하지 말라 나는 처음이요 마지막이니 곧 살아 있는 자라 내가 전에 죽었었노라 볼지어다 이제 세세토록 살아 있어 사망과 음부의 열쇠를 가졌노니"(요한계시록 1장 13절-18절)고 하십니다. 이 모든 말씀들은 예수 그리스도께서 왕이심을 증거하고 있다.

결론 / 결단 및 행함의 기도

하늘과 땅의 통치자로 오신 예수님, 자기를 낮추신 분이 다시 승천하사 이제는 하늘과 땅의 통치자로 우리 가운데 거하십니다. 오직 예수님 안에서만이 하늘과 땅의 권세와 위엄과 그 영화를 확인할 수 있음을 고백하오니, 주님의 권세와 능력으로 우리의 심령과 삶을 통치하소서. 예수님의 이름으로 기도합니다. 아멘.

하나님 우편에(2)

—

본문: 창세기 3장 15절

내가 너로 여자와 원수가 되게 하고 너의 후손도 여자의
후손과 원수가 되게 하리니 여자의 후손은 네 머리를 상
하게 할 것이요 너는 그의 발꿈치를 상하게 할 것이니라
하시고

서론 / 마음 열기 및 예화: 예수님은 무엇을 하고 계실까?

인간이 얼마나 약한 것인지 여러분의 나이로서는 아직 잘 모를 것이다. 흔히 술로 인해 실패하는 사람을 볼 수 있는데 그들은 그로 인해 늘 이웃에게 폐를 끼치기가 일쑤고 집안에서는 부인이나 자녀들에게 난폭하게 굴어 못 견디게 한다. 그런가 하면 자신은 이튿날이 되어도 술이 깨지 않아 토하고 두통이 심하고 해서 마치 병자처럼 직장에 출근도 못 하게 된다. 자신은 이제는 술을 마시지 않으리라고 스스로 다짐도 하고 노력도 하지만 또 어느덧 술잔으로 손이 가고 마는 것을 반복한다. 이것이 인간의 연약한 모습이다. 좀 더 심한 인간의 연약한 모습의 예를 들어보겠다. 얼마 전에 일본에서 '피아노 살인'이라는 사건이 가나와 깽 어느 단지 내에서 발생했었다. 그것은 이웃에게 들려오는 피아노 소리가 듣기 싫다고 같은 아파트 이웃집의 어린이를 살해한 것인데 범인이 재판정에서 사형 판결을 받았을 때 변호사는 고등재판소에 공소하도록 권고했다.

즉 그것은 다시 한번 재판받아 가능하면 형을 줄일 수도 있지 않겠느냐고 권했지만, 범인은 그것을 거절했다. 그 까닭은 자기는 '음(音)'에 대해서 신경질적으로 민감하여서 만일 용서받고 다시 사회에 나갈 수 있다고 해도 또다시 '피아노 살인'을 하지 않으리라는 자신이 없다는 것이다. 그래서 자기를 어서 사형에 처해달라는 것이었다. 살해당한 어린이도 가엾지만, 범인의 이러한 인간적인 약점은 너무나 비참하다. 우리는 표면적으로 그저 감추고 있을 뿐이지 크건 작건 죄에

대해서 약한 면을 가지고 있다. (네이버 블로그 건강과 치유의 비밀)

지금 예수님은 믿는 사람들을 어떻게 해서든지 강하게 하려면 아버지 되시는 하나님 우편에 계셔서 여러분을 위해 기도하시며 중보의 역할을 하시고 계신다. "누가 정죄하리요 죽으실 뿐 아니라 다시 살아나신 이는 그리스도 예수시니 그는 하나님 우편에 계신 자요 우리를 위하여 간구하시는 자시니라."(로마서 8장 34절)

나눔 질문

여러분은 혼자라는 심각한 외로움과 고독에 쌓여 있던 적이 언제인가요? 그러한 아픔을 나눠 봅시다. 또한 지금도 주님이 나를 위해 하나님께 중보 하고 있다는 사실이 느끼나요? 그것도 나눠 봅니다.

원수를 발등상 되게 하는 것, 즉 원수의 머리를 밟는 일이 어떠한 일인지를 구체적으로 살펴보자. 지금 예수님께서 하나님 보좌 우편에서 하시는 일이 바로 그것이라고 하는데 우리가 그 일을 올바로 규명하고 있지 않으면 지금 이 우주의 역사와 우리 인생의 목적을 제대로 파악하지 못한 채 어영부영 살게 되는 수가 있으니까. 그것을 공부하기 위해서는 다시 창세기 3장 15절로 올라가 보자. 창세기 3장 15절에 "내가 너로 여자와 원수가 되게 하고 너의 후손도 여자의 후손과 원수가 되게 하리니 여자의 후손은 네 머리를 상하게 할 것이요 너는 그의 발꿈치를 상하게 할 것이니라 하시고" 여러분도 아시다시피 이 구절은 하나님께서 최초로 인류에게 주신 '원시복음'이다. 여자의 후손을 보내어 원수의 머리를 박살내 버리시고 마귀와 여자, 즉 교회를 원수 되게 만드시겠다는 약속이다. 그런데 예수님이 십자가에서 죽으시고, 다시 부활하심으로 말미암아 그 사망 권세를 깨 버리심으로 그 원수의 머리를 밟으신 것이다. 그렇다면 예수님께서 밟아 뭉개버리신 원수의 머리라는 것을 우리가 쉽게 이해할 수 있는 개념으로 풀어 설명하면 무엇이겠는가? 다른 질문을 해 보면, 창세기에서의 그 원수는 무엇을 조장하는 자였는가?

하나님과 하나님 백성들의 연합, 즉 하나 됨을 깨는 자였다. 하나님께 온전히 순종하여 그분께 모든 것을 의뢰하고 의존하며 살아야 하는 피조물을 하나님의 자리로 밀어 올려놓고 하나님과 그들의 사랑의 관계를 깨버렸던 것이다.

그렇게 인간들에게 하나님의 은혜가 떠나 버리자 인간들은 하나님을 사랑해야 하는 그들의 마음을 자기 자신에게 쏟기 시작했다. 그 후로 인간은 스스로의 힘으로 자신의 만족과 행복을 추구해야 했고, 스스로의 힘으로 자신을 보호해야 했다. 하나님 사랑에 쓰여야 하는, 하나님으로부터 주어진 모든 것이 자기 사랑에 쓰이게 된 것이다. 그것이 바로 '죄'다.

타락한 인간은 돈, 명예, 인기, 쾌락, 건강, 가족 등을 '나'라는 존재의 범주에 복속시키고 그것들을 살찌우는 것으로 자신들의 만족과 행복을 삼으며 살게 되었다. 하나님은 그렇게 엉뚱한 방향으로 왜곡된 사랑을 다시 당신께로 돌려놓으시기 위해 당신의 아들을 이 세상에 보내셨고, 그렇게 하나님이 아닌 자기 자신을 사랑하고 있는 자들에게서 그 사랑의 대상들을 빼앗아버리는 역사를 진행하고 계신 것이다.

우리는 성경을 통해 예수님께서 십자가에 못 박아 죽어 버리신 것이 우리의 죄라는 것을 잘 알고 있다. 그런데 그 '죄'라는 것은 단순히 간음하고, 도둑질하고, 살인을 하는 것을 말하는 것이 아니라, 하나님을 사랑해야 하는 사람들이 하나님 이외의 다른 것에 그들의 마음을 두는 것을 말한다. 따라서 예수님께서 '우리를 품어 안고 우리의 죄가 되셔서 죽으셨다'라는 것은 우리가 하나님 말고 사랑하는 것들을 다 죽여 버리셨다는 말씀이다. 그래서 바울은 십자가를 통하여 우리가 세상에 대하여 죽고, 세상이 우리에 대해 죽었다고 말하고 있다. 그게 십자가이다.

그렇다면 지금 예수님께서 하나님 보좌 우편에서 원수의 머리를 밟고 계신다는 표현은 구체적으로 무엇을 말하는 것인가? 바로 우리가 마음을 다하고 뜻을 다하고 힘을 다하여 여호와 하나님만을 사랑하는 자로 만들고 계신다는 말씀이다. 그 말은 다른 말로 우리가 이 세상에서 힘으로 추구하며 사는 것들을 하나하나 끊어내고 계신다는 것이다. 그러니까 오늘날 교회는 뭘 잘못 알아도 한참 잘못 알고 있는 것이다. 주님은 보좌 우편에서 우리가 마음을 두고 있는 세상을 사뿐히 밟고 계신 데 오늘날 교회는 주님이 밟고 계신 그 세상을 더 살찌워 달라고 종교 행위에 열심을 내고 있는 것이다. 우리 인간은 그렇게 하나님을 사랑할 수 없는 자로 타락하고 말았다. 그리고 구원을 얻은 이후에도 여전히 자기 사랑에만 몰두하고 있다. 그래서 예수님은 지금도 우리를 위해 기도하고 계시고, 말씀을 통해 양육하시며, 올바른 길로 우리를 통치하고 계신 것이다. 쉬운 말로 예수님은 지금도 하나님의 권능의 보좌에서 우리의 대제사장으로 일하고 계신 것이고, 여전히 선지자 직분을 감당하고 계신 것이고, 왕으로 통치하고 계신 것이다.

"11. 제사장마다 매일 서서 섬기며 자주 같은 제사를 드리되 이 제사는 언제든지 죄를 없게 하지 못하거니와 12. 오직 그리스도는 죄를 위하여 한 영원한 제사를 드리시고 하나님 우편에 앉으사 13. 그 후에 자기 원수들로 자기 발등상이 되게 하실 때까지 기다리시나니"(히브리서 10장 11절-13절) 이렇게 우리를 위해 이 땅에서 대제사장의 직분을 성실하게 수행하신 주님이 하늘 보좌 우편에서 우리를 위해 여전히 대제사장의 역할을 감당해 내고 계신다.

"24 예수는 영원히 계시므로 그 제사 직분도 갈리지 아니하나니 25 그러므로 자기를 힘입어 하나님께 나아가는 자들을 온전히 구원하실 수 있으니 이는 그가 항상 살아서 저희를 위하여 간구하심이니라 26 이러한 대제사장은 우리에게 합당하니 거룩하고 악이 없고 더러움이 없고 죄인에게서 떠나 계시고 하늘보다 높이 되신 자라" (히브리서 7장 24절-26절)

우리의 죄를 위해 영원한 제사를 단번에 드리신 대제사장 예수가 지금 우리를 위해 무엇을 하고 계신가? 우리를 위해 간구하고 계신다. 우리의 거룩과 하나님 백성으로의 완성을 위해 그분이 기도하고 계신단 말이다. 그런데 중요한 것은 예수님은 보좌 우편에 앉으신 하나님이시라는 것이다. 그렇다면 하나님의 기도는 곧 하나님의 뜻이라는 말이다. 따라서 보좌 우편에 앉으신 예수님의 기도는 반드시 이루어진다. 그 예수님의 기도가 있기에 우리가 이렇게 엉뚱한 곁길로 못가고 십자가의 길, 자기 부인의 길에 서 있는 것이다. 그래서 힘이 든다. 그렇게 좋아하는 세상이 자꾸 내게서 멀어져가는 일만 생기니까. 반면에 예수님의 기도에서 제외된 이들은? 자기들 뜻대로, 이 세상 것들로 만족하며 행복 해 하며 즐겁게 산다.

예수님의 기도 속에 들어 있는 이들이 어떻게 살게 되는지 로마서로 가서 잠깐 확인해 보자.

"34. 누가 정죄하리요 죽으실 뿐 아니라 다시 살아나신 이는 그리스도 예수시니 그는 하나님 우편에 계신 자요 우리를 위하여 간구하시는 자시니라 35. 누가 우리를 그리스도의 사랑에서 끊으리요 환난이나 곤고나 핍박이나 기근이나 적신이나 위험이나 칼이랴 36. 기록된 바 우리가 종일 주를 위하여 죽임을 당케 되며 도살할 양 같이 여김을 받았나이다 함과 같으니라 37. 그러나 이 모든 일에 우리를 사랑하시는 이로 말미암아 우리가 넉넉히 이기느니라"(로마서 8장 34절-37절)

예수님께서 하나님 우편에서 우리를 위해 간구하신다고 하는데 우리에게 여전히 환난, 곤고, 핍박, 기근, 적신, 칼이 있고, 종일 주를 위해 죽음을 당하게 되고, 도살할 양 같이 여김을 받게 된다고 한다. 우리는 기대하기를 그런 것을 다 막아 주시고 이 땅에서도 우리의 소원과 야망을 모두 이루어 내며, 모든 문제를 해결 받는 그런 기도를 하실 것이라 생각한다. 그런데 예수님의 기도는 그러한 것이 닥쳤을 때 하나님을 사랑하는 그 사랑만으로 그러한 것들을 넉넉히 이기게 해 달라는 기도라는 것이다. 그러니까 하나님 보좌 우편에 앉아 계신 대제사장 예수님의 기도는 우리가 왜곡된 사랑을 회복하여 하나님께로 올려드리면서 이 세상에서 우리가 힘으로 삼아 살고 있던 것들이 끊어져 나가는 상황 속에서도 하나님을 사랑함으로 당면한 상황들과 현실들을 잘 이겨내는 넉넉히 이기는 하나님의 백성으로 완성이 되게 해

사도신경 30일 묵상 CREDO

달라는 그런 기도라는 것이다. 이렇게 대제사장으로서 하나님 보좌 우편에 앉아 계신 예수님은 우리의 세상 사랑과 자기 사랑을 밟아 뭉개고 계신 것이다.

두 번째로 그분은 지금도 우리에게 말씀으로 찾아오셔서 하늘의 비밀을 계시해 주신다. 주님의 하늘에서의 선지자 직분이 지금도 시행되고 있다는 말이다. 그 일을 하기 위해 이 땅에 오신 분이 누구신가? 성령님이시다.

"보혜사 곧 아버지께서 내 이름으로 보내실 성령 그가 너희에게 모든 것을 가르치사 내가 너희에게 말한 모든 것을 생각나게 하시리라"(요한복음 14장 26절)

그런데 성령께서 우리에게 깨닫게 해주시고 계시해 주시는 하나님 말씀의 구체적 내용이 무엇인가? 죄에 대하여, 의에 대하여, 심판에 대하여 깨닫게 해 주신다. 따라서 성경 말씀을 통한 예수님의 선지자 사역의 내용도 역시 죄에서, 세상 사랑과 자기 사랑에서 벗어나게 하시기 위함인 것이다.

결론 / 결단 및 행함의 기도

  하나님 우편에서 여전히 우리의 거룩함과 주님 안에서 온전해 짐을 중보하시는 주님의 그 기도의 능력이 우리의 인생과 삶 가운데 열매 맺길 간절히 소망하며 예수님의 이름으로 기도합니다. 아멘

하나님 우편에(3)

본문: 로마서 12장 4절-5절

4. 우리가 한 몸에 많은 지체를 가졌으나 모든 지체가 같은 기능을 가진 것이 아니니 5. 이와 같이 우리 많은 사람이 그리스도 안에서 한 몸이 되어 서로 지체가 되었느니라

서론 / 마음 열기 및 예화: 우주여행의 상대적 경험담

1960년대는 미국과 구소련이 우주 경쟁을 벌이던 시기였습니다. 그에 얽힌 흥미로운 일화들이 많이 있습니다. 그중의 한 가지를 소개한다. 1962년 최초로 유인 우주선을 타고 우주여행을 했던 존 글렌, 그리고 구소련의 우주인 티 토브의 이야기다. 두 사람은 모두 우주 공간에 다녀왔다. 그런데 서로 다른 말을 한다. 티 토브는 이렇게 말했다. "우주 공간에 가서 아무리 찾아봐도 하나님은 없더라. 신은 없다."

그런데 존 글렌은 이렇게 말했다. "내가 믿는 하나님은 우주선 창문을 통해서나 볼 수 있는 분이 아니다. 하나님이 계신 하늘은 우주선을 타고 갈 수 있는 곳이 아니다." 그의 말을 1969년 아폴로 11호를 타고 인류 최초로 달에 착륙했던 닐 암스트롱이 보충 설명해 주었다. "하나님의 지으신 세계가 이렇게 아름다울 수 있나! 하나님의 영광을 찬양하노라!" 우주 공간은 하나님이 창조하신 세계로 하나님의 영광이 깃들어 있을 뿐이고, 천국은 때로 존재하는 곳이라는 말이다.

그렇다! 천국은 구별된 그리고 특수한 공간이다. 예수님께서 제자들이 보는 앞에서 천국으로 올라가셨기에 장차 우리도 그곳에 갈 수 있음을 확신할 수 있다. 천국이 어디 있는지 잘 몰라도, 가본 적이 없어도 예수님이 가신 그 길로 따라가면 얼마든지 들어갈 수 있다는 것이다.

예수님께서 십자가 지시기 전에 이미 이런 사실을 밝히셨다. 요한복음 14장 2절에 "내 아버지 집에 거할 곳(rooms)이 많도다. 그렇지 않으면 너희에게 일렀으리라 내가 너희를 위하여 거처(a place)를 예비하러 가노니" '아버지 집'은 곧 천국이다. 예수님은 본래 그곳에 계셨다. 인간의 모습으로 이 세상에 오셨다가 십자가 못 박혀 죽으시고 부활하신 후 다시 그곳으로 귀환하신 것이다. (크리스찬투데이)

나눔 질문

하나님이 실재하는 인식에서 출발하는 세상을 보는 눈은 얼마나 다를지 서로의 삶 속에서 고백해 봅시다.

우리가 복음을 올바로 이해하고 하나님의 은혜를 깊이 깨달아야 한다. 그리고 성도가 주님 앞에서 온전하면 우리와 함께 한 믿음 안에서 한 길을 가고 있는 모든 하나님의 백성들이 한 몸이라는 것을 인정해야 한다. 그 한 몸인 교회는 바로 내 몸이니까 자연스럽게 내 이웃을 내 몸처럼 사랑하게 되는 것이다. 따라서 그건 이제 우리가 열심을 내서 이루어 내야 하는 계명이 아니라 예수님이 십자가에서 이루어 내신 은혜와 축복의 현이다. 그러니까 '네 이웃을 네 몸처럼 사랑하라'라는 말씀은 네가 밥 한 그릇 먹으면 이웃에게도 밥 한 그릇 가져다주고, 내가 만원을 썼으면 이웃도 만원을 쓰게 해 주라는 말이 아니라 '하나님의 사랑을 받은 자들아, 너희가 받은 그 사랑이 어떤 사랑인지 너희가 정말 안다면 그걸 한번 내놓아 봐라.'라는 확인의 요구이다.

조금 더 구체적으로 생각해 보면, 성경은 분명 '네 이웃을 네 몸처럼 사랑하라'고 한다. 그건 '나'를 사랑함이 전제가 된 말이다. 그런데 우리는 '나'를 사랑해서는 안 된다고 배웠다. 그렇다면 주님이 말씀하시는 '네 몸을 사랑함'은 도대체 무엇인가? 우리가 하나님의 사랑을 입어 구원을 얻게 되면 그렇게 구원받은 새로운 피조물로서의 '나'를 믿음으로 경험하게 된다. 우리가 믿음 안에서 그렇게 새롭게 창조가 된 '나'를 인식하게 될 때 그 구원이 너무나 소중하게 느껴질 것이다. 그 소중함과 그 감격이 바로 새로운 '나'를 사랑하는 것이다. 마찬가지로 그렇게 자기가 하나님의 사랑을 입어, 도저히 불가능한 상황 속에서 구원받았음을 아는 이가, 자기와 한 신앙으로 묶여 있는 다른 사람을 볼 때 어떻게 보이겠는가? '저 사람도 나처럼 오직 하나님의 은혜와 사랑을 힘입어 구원을 얻은 사람인데 어떻게 내가 세상적 기준으로 그를 평가하겠는가?'하고 하나님의 사랑과 은혜 안에서 그 사람을 대하게 되는 것이다. 그게 바로 네 이웃을 네 몸처럼 사랑하라는 '쉐마'의 진정한 의미이다.

그렇게 같은 운명 공동체 안에서 한 길을 가고 있는 한 몸으로서의 교회가 무엇인지를 아는 이들은 그 공동체의 구성원인 자기 이웃이 조금 못 배우고, 가난하고, 부족해도 절대 그를 우습게 보지 않는다. 그 사람의 자격이나 조건이나 상황이나 인격이나 성품 등이 그 사람을 판단하는 근거로 적용이 되지 않는 것이다. 그냥 나처럼 면목 없이, 그러나 하나님의 크신 사랑 안에서 함께 구원받은 귀한 영혼으로 보이는 것이다.

아울러 그렇게 하나님의 사랑을 힘입어 구원을 얻은 성도는 돈 많고 권세 있는 사람들 앞에서 주눅 들지 않는다. 그들도 역시 하나님의 사랑과 은혜 안에서 구원을 얻은 사람들이니까. 우리는 한 몸이다. 한 몸이 어떻게 스스로 주눅이 들고, 스스로 우습게 여기는가? 그들도 다 내 몸처럼 구원을 얻은 사람들인데 말이다.

하나님의 사랑을 이해한 성도는 한 신앙을 고백하고 있는 내 이웃이 하나님의 사랑과 은혜 밖으로 자꾸 도망쳐 나가 이 세상 것들에 관심을 두고 거기에 착념할 때 그들이 하나님의 사랑에서 멀어지지 않도록 가르치고, 훈계하고, 기도하고, 안타까워하며 그를 바로 잡아 주어야 한다. 그게 '네 이웃을 네 몸처럼 사랑하는 것'이다. 내 이웃을 오직 하나님의 사랑 안에만 거하도록 붙들어 주는 것이다. 돈, 명예, 취미, 건강, 가족 등등, 내 이웃이 그런 것에 착념하느라 하나님 사랑을 자꾸 놓치고 있을 때 그냥 두고 보는 것은 예수님의 말씀의 이웃 사랑이 아니다.

사랑은 친절과 다른 것이다. 친절은 사랑의 증상일 수는 있지만 동의어는 아니다. 그래서 사랑은 따뜻함과는 거리가 멀 수도 있는 것이다. 하나님의 사랑 안에 내 이웃을 붙들어 놓기 위해서는 때때로 나의 존재가 그들에게 날카로운 메스로 여겨질 수가 있기 때문이다. 그래도 내가 주 안에서 거듭난 새로운 나를 너무나 사랑하기에 이 세상의 힘이 아닌 하나님과 하나님 나라만을 사랑하는 새로운 '나'가 너무 소중하기에 내 이웃 또한 내 몸처럼 사랑하지 않을 수가 없는 것이다.

말하자면, 지금 선행이나 구제나 친절을 베풀지 말라고 하는 것이 아니다. 그건 사랑을 입은 성도의 당연한 열매이다. 그런데 진짜 사랑은 그렇게 나타나지 않을 수도 있다는 것을 기억해야 한다. 나에게 친절하게 대해주지 않았다고, 내가 듣고 싶은 이야기를 해 주지 않았다고, 나를 알아주고 인정해 주지 않았다고 '저 사람은, 저 교회는 사랑이 없다'라고 너무 쉽게 판단해 버리면 안 된다. 진짜 사랑하느라 불친절해 보일 수 있다. 진짜 사랑하느라 싸늘해 보일 수 있다. 거짓되고 위장된 사랑을 오해시키지 않으려고 일부러 가면을 써가며 친절을 가장하지 않는 사람을 '사랑이 없다'라고 매도하면 안 된다. 오히려 우리는 그러한 싸늘함과 불친절 속에서 인간은 이렇게 사랑할 수 없는 존재라는 것을 배울 수 있는 실력자가 되는 것이다. 그리고 그 속에서 바로 사랑하지 못하는 나를 발견해야 하는 것이다. 사랑은 분명 좋아함과는 다른 것이다. 'Love'와 'Like'는 다른 것이다. 그래서 사랑은 언약적 사랑이며 의지적 사랑이라고 하는 것이다. 원수에게 다가가 떡이라도 하나 더 줘야 하는 훈련을 해야 한다. 그러나 사랑은 그렇게 훈련을 해서 해 낼 수 있는 것은 아니다. 우리는 그렇게 의지적 사랑을 시도하는 과정에서 여전히 마음속으로는 그 상대방을 미워하고 있는 자신을 보며 예수님의 십자가를 더 꼭 붙들어야 하는 것이다. 거기에서 자기 부인이 나오는 것이고 그러한 일이 반복될 때 우리 안에 사시는 예수의 사랑, 십자가에서 이미 이루어진 이웃 사랑을 조금이나마 내놓을 수 있게 되는 것이다.

그래서 이런 의지를 다져야 한다. 죽도록, 그리고 최선을 다해 사랑해 보는 것이다. 그리고 많이 실패해 보자. 자신의 사랑 없음을 많이 폭로 당할 것이다. 그러나 그 자리에서 반드시 십자가를 붙들어야 한다. 머지않아 여러분의 삶 속에서 '내 이웃을 내 몸처럼' 사랑하는 진짜 사랑이 조금씩 풍겨 나오게 될 것이다. 사랑은 이미 완성이 된 것이다. 그걸 사단이 깔고 앉아서 우리 것 아니라고 우기고 있는 것이다. 사랑할 수 없을 때 그 마귀의 방해를 하나님께 고소하라.

우리 집에 다른 이가 들어와서 자기 집이라고 우기면 어떻게 해야 하는가? 당장 신고한다. 왜? 우리 것을 자기 것이라고 붙들고 안 주니까. 우리가 믿음이 없어서 늘 주님이 말씀하신 사랑의 계명을 실패할 때마다 자학한다. '난 사랑할 수 없어' 우리는 사랑할 수 없기에 예수님께서 사랑하는 자로 만들어 주시는 것이다. 그래서 이제 우리는 '예수 안에서 난 사랑할 수 있게 되었구나'를 믿어야 한다. 그러므로 사랑은 믿음이다. 믿음 안에서, 예수 안에서 누구도 사랑할 수 있다는 것, 그것이 원수라도 말이다. 예수가 십자가에서 이루신 현실이 오늘 내 것이 되게 해 달라고 기도하면 되는 것이다.

예수님께서 지금 하나님 보좌 우편에서 우리를 위해, 하고 계신 일이 무엇인가? 원수를 밟아 발등상 되게 하시는 일이다. 그 말은 예수님께서 우리 안에 남아 있는 자기 사랑과 세상 사랑을 샅샅이 훑어 내고 계신다는 말이다. 그래서 우리는 지금 점점 이 세상과 '나'라는 존재의 연장선상에 묶어 둔 또 다른 '나'들을 기각당하고 부인당하는 중이다. 우리의 눈은 점점 하나님을 향하여 옮겨지는 중이다. '나'는 그런 큰 사랑을 받았고 지금도 받고 있다. 그래서 '나'는 그런 새로운 '나'를 감사함으로 사랑하고 있다. 상대방의 기분을 맞추어 주어서 서로서로 문제없이 편안한 상황을 만들어 내는 그런 가짜 사랑은 너무나 쉽다. 그러나 지금은 좀 어색해하고, 낯설어하며, 심지어 거부감을 느끼며 왜 나에게 칼을 들이대느냐고 오해받는다고 할지라도 그가 하나님의 사랑 안에서, 하나님의 은혜 안에서 구원을 얻은 자라는 사실을 감격 속에서 깨닫고 하나님의 사랑에 감사하고 하나님께 순종하는 자로 성숙하고 완성되게 하려면 그를 향해 쏟아붓는 사랑은 정말 힘이 들

것이다. 그게 바로 십자가이다. 예수의 십자가는 모든 이들에게 거부감을 주었고, 실망감을 주었으며, 오히려 그들의 모든 희망을 다 꺾어버린 그런 것이었다. 그런데 그것만큼 큰 사랑이 없었던 것처럼 우리도 우리의 십자가를 달게 져야 하는 것이다. 성경 속의 복음을 확실하게 이해해야 한다. 그 복음 속 하나님의 사랑을 확인하고 실천하는 자리로 가야 한다. 그래야 예수님이 지금 보좌 우편에서 하는 중보의 역사가 우리의 인생 속에서 일어난다. 주님은 지금 그 일을 돕고 계신다.

결론 / 결단 및 행함의 기도

하나님 우편에서 사단의 머리를 밟고 계신 주님, 우리를 향한 그 사랑을 고백합니다. 그리하여 주님이 우리를 사랑하신 그 사랑으로 이웃과 심지어 원수까지 사랑하는 자리로 우리를 인도하여 주옵소서. 예수님의 이름으로 기도합니다. 아멘.

22일

거기로부터 살아있는 자와 죽은 자를
심판하러 오십니다.(1)

—

본문: 사도행전 1장 11절, 요한복음 5장 25절-29절

이르되 갈릴리 사람들아, 어찌하여 서서 하늘을 쳐다보느
냐 너희 가운데서 하늘로 올려지신 이 예수는 하늘로 가
심을 본 그대로 오시리라 하였느니라 (사도행전)

진실로 진실로 너희에게 이르노니 죽은 자들이 하나님 아
들의 음성을 들을 때가 오나니 곧 이때라 듣는 자는 살아
나리라 아버지께서 자기 속에 생명이 있음같이 아들에게
도 생명을 주어 그 속에 있게 하셨고 또 인자됨으로 말미
암아 심판하는 권한을 주셨느니라 이를 놀랍게 여기지 말
라 무덤 속에 있는 자가 다 그의 음성을 들을 때가 오나니
선한 일을 행한 자는 생명의 부활로, 악한 일을 행한 자는
심판의 부활로 나오리라 (요한복음)

서론 / 마음 열기 및 예화: 죽어봐야 사람을 안다?

노벨상이 만들어진 계기를 보면 참 재밌다. 노벨은 다이너마이트를 발명하여 유럽 최대의 거부가 되었다. 어느 날, 한가롭게 신문을 들여다보다가 '알프레드 노벨, 사망하다!'라는 기사를 보고 깜짝 놀랐다. 자기가 죽었다는 기사를 본 것이다. 그는 다른 신문도 찾아보았다. 마찬가지로 다른 신문 역시 자신의 죽음을 보도하였다. 그것은 프랑스의 한 기자가 동명이인(同名異人)의 죽음을 잘못 알고 보도한 오보(誤報)였다. 그런데 노벨은 자신의 죽음을 보도한 신문들의 제목을 보고 깜짝 놀랐다. 어떤 신문은 '죽음의 상인 죽다!'라는 제목으로 기사를 게재했다. 또 어떤 신문은 '죽음의 사업가, 파괴의 발명가 다이너마이트의 왕이 끝내 사망하다!'라고 게재했다. 또 다른 신문은 '그 어느 때보다 더 빨리 많은 사람을 죽이는 방법을 발견해 떼돈을 번 노벨이 이제 죽었다.'라고 쓰기도 했다. 이 기사들을 본 노벨은 큰 충격을 받았다. 그래서 새로운 결심을 하게 되었다. 자신의 유산의 94%인 3,200만 스웨덴 크로나(340만 유로, 440만 달러, 원화 49억 3,504만원)를 기부하여 사회에 공헌한 사람들에게 주기로 한 것이다. 이것이 노벨상의 시작이다. 노벨이 엄청난 재산을 은행 기금으로 예치해서 과학의 발전과 세계의 평화를 위해 써 달라고 유언했던 이유는 무엇일까? '죽음의 사업가', '파괴의 발명가'라는 치욕적인 오명을 남기고 싶지 않았기 때문이다. (데일리투모로우)

사람은 누구든지 죽으면 '평판'이라는 것을 남긴다. 중국의 속담에

'관 뚜껑을 닫은 다음에야 그 사람의 가치를 평가할 수 있다'라는 말이 있다. 죽고 난 후 장례식장에 오는 조문객들의 말들을 들어보면 '고인이 이 땅에서 어떻게 살았는지'에 대한 진실 된 평가를 듣게 된다.

세상 사람들도 자신이 죽고 난 후 사람들이 자신을 어떻게 평가할지에 대해 생각해 본다. 그렇다면 하나님을 믿는 성도는 어떨까? "나는 죽고 난 후 사람들과 하나님께 어떤 평가를 받을까?" 그래서 하루하루 더 열심히 더 거룩하게 살아야 하는 것이 아닌가.

나눔 질문

나눔 질문: 나는 죽은 후에 어떻게 평가될까? 여러분이 어떻게 평가될지 자신의 묘비명을 한 문장으로 써 보자.
- 예시: 여기 [하나님의 말씀]에 미쳤던 사람 잠들다.

본론 / 수용하기: 다시 오시는 주님

주님이 언제 오실지 그때와 시기는 알 수 없지만, 반드시 오신다는 것이다. (사도행전 1장 10절-11절) 이 약속은 예수님 자신의 약속이자 수많은 성경의 저자들이 공통으로 증언하는 것이다. 이러한 예수님의 재림에 대한 약속은 신약 성경에 318회나 나온다. 이것은 신약 성경의 25절마다 한번 꼴로 기록된 셈이다. 그만큼 '재림신앙'은 기독교 신앙에서 빼놓을 수 없는 핵심적인 진리이다.

그러면 주님이 다시 오시는 목적은 무엇인가? 사도신경 고백 중에 그 답이 나와 있다. '거기로부터 살아있는 자와 죽은 자를 심판하러 오십니다.' 다시 오시는 목적은 '산 자와 죽은 자를 심판하러' 오신다는 것이다. 예수님의 초림의 목적과 재림의 목적은 다르다. 초림의 목적은 무엇인가? 육신을 입고 이 땅에 오시는 예수님에 대해 천사가 양 떼를 지키던 목자들에게 나타나 이렇게 말했다.

"10. 천사가 이르되 무서워하지 말라 보라 내가 온 백성에게 미칠 큰 기쁨의 좋은 소식을 너희에게 전하노라 11. 오늘 다윗의 동네에 너희를 위하여 구주가 나셨으니 곧 그리스도 주시니라."(누가복음 2장 10절-11절) 또한 예수님 자신의 말씀에서 그 답을 얻을 수 있다. '인자가 온 것은 섬김을 받으려 함이 아니라 도리어 섬기려 하고 자기 목숨을 많은 사람의 대속물로 주려 함이니라."(마태복음 20장 28절) 그러나 재림의 목적은 다르다.

"25. 진실로 진실로 너희에게 이르노니 죽은 자들이 하나님 아들의 음성을 들을 때가 오나니 곧 이때라 듣는 자는 살아나리라 26. 아버지께서 자기 속에 생명이 있음같이 아들에게도 생명을 주어 그 속에 있게 하셨고 27. 또 인자됨으로 말미암아 심판하는 권한을 주셨느니라 28. 이를 놀랍게 여기지 말라 무덤 속에 있는 자가 다 그의 음성을 들을 때가 오나니 29. 선한 일을 행한 자는 생명의 부활로, 악한 일을 행한 자는 심판의 부활로 나오리라."(요한복음 5장 25절-29절) 예수님의 재림은 심판의 날을 의미한다. 기독교 역사관은 직선적(유 일회적) 역사관이다. 같은 일이 끝없이 반복되는 순환 사관(윤회적 역사관-죽은 자는 이미 심판을 받아 그 결과로서 다시 태어남)이 아니라, 시작이 있고 끝이 있다고 보는 역사관이다. 역사는 시작한 뒤에 종말을 향해서 발전해 나간다고 해석한다. 이러한 역사관이 형성된 사상적 근거가 바로 성경이다. 성경은 아주 뚜렷하게 역사의 시작과 끝을 말하고 있기 때문이다. 그러므로 우리 성도들은 빈말이라도 '전생에 무슨 죄를 지어서…'라는 말을 삼가야 한다.

하나님이 태초에 천지를 창조하신 이래 역사는 종말을 향해 달려가고 있다. 예수님이 다시 오셔서 이 세상을 심판하실 때가 바로 역사의 종말이다. 창조에서 시작되어 예수님이 재림에 이르러서 끝나는 역사다. 그리고 그 마지막에 심판이 있는 것이다. 히브리서 기자는 이것을 분명하게 밝혔다. "한번 죽는 것은 사람에게 정해진 것이요 그 후에는 심판이 있으리니."(히브리서 9장 27절) 베드로도 주님 오시는 날을 이렇게 묘사했다. "그러나 주의 날이 도둑같이 오리니 그날에는 하늘이 큰 소리로 떠나가고 물질이 뜨거운 불에 풀어지고 땅과 그중에 있는 모든 일이 드러나리로다."(베드로후서 3장 10절)

사도 바울도 각 교회와 성도들에게 편지를 쓰면서 이 마지막 심판을 대비하라고 수차례 경고하였다. "6. 하나님께서 각 사람에게 그 행한 대로 보응하시되 7. 참고 선을 행하여 영광과 존귀와 썩지 아니함을 구하는 자에게는 영생으로 하시고 8. 오직 당을 지어 진리를 따르지 아니하고 불의를 따르는 자에게는 진노와 분노로 하시리라."(로마서 2장 6절-8절) "네가 어찌하여 네 형제를 비판하느냐 어찌하여 네 형제를 업신여기느냐 우리가 다 하나님의 심판대 앞에 서리라."(로마서 14장 10절) "12. 만일 누구든지 금이나 은이나 보석이나 나무나 풀이나 짚으로 이 터 위에 세우면 13. 각 사람의 공적이 나타날 터인데 그날이 공적을 밝히리니 이는 불로 나타내고 그 불이 각 사람의 공적이 어떠한 것을 시험할 것임이라 14. 만일 누구든지 그 위에 세운 공적이 그대로 있으면 상을 받고 15. 누구든지 그 공적이 불타면 해를 받으리니 그러나 자신은 구원받되 불 가운데서 받은 것 같으리라."(고린도전서 3장 12절-15절)

이 심판에는 예외가 없다. '산 자와 죽은 자를 심판하러' 오신다는 것이다. 먼저 죽은 자(성경에는 '잔다'라고 표현)도, 지금 살아 있는 자도 이 심판을 피할 길이 없습니다. 모든 인류가 심판의 대상입니다. "선한 일을 행한 자는 생명의 부활로, 악한 일을 행한 자는 심판의 부활로 나오리라."(히브리서 9장 27절)

22일 / 거기로부터 살아있는 자와 죽은 자를 심판하러 오십니다.(1)

결론 / 결단 및 행함의 기도

주님, 이미 예수 그리스도의 초림으로부터 심판은 진행하고 있는 것을 압니다. 현재의 삶의 내용이 심판의 근거가 아니라 믿음인 것을 고백합니다. 심판 중에 영생의 길로 가는 믿음의 행함으로 사는 성도 되게 하시고, 하나님 앞에 온전하고 거룩한 역사를 세워나가는 인생 되게 하사, 심판 날에 칭찬받는 백성 되게 하소서. 예수님의 이름으로 기도합니다. 아멘.

23일

거기로부터 살아있는 자와 죽은 자를
심판하러 오십니다.(2)

본문: 사도행전 24장 15절-16절

15. 그들이 기다리는 바 하나님께 향한 소망을 나도 가졌으니 곧 의인과 악인의 부활이 있으리라 함이니이다 16. 이것으로 말미암아 나도 하나님과 사람에 대하여 항상 양심에 거리낌이 없기를 힘쓰나이다

서론 / 마음 열기 및 예화: 집행관의 나팔 소리

제롬은 그의 귀에 마지막 날의 나팔이 언제나 "너 죽은 자여, 일어나 심판을 받으러 오라."고 말하는 듯하다고 입버릇처럼 말했다. 하지만 대부분 사람은 이 무섭고 중요한 시기에 대해 거의 생각하지 않는다. 헝가리의 어느 기독교도 왕이 슬픔에 잠겨 있자 쾌활한 성격을 지닌 그의, 아우가 슬픔의 원인을 알고 싶어 했다. 왕이 말했다. "아우여, 나는 하나님께 큰 죄인인데 어떻게 죽어야 할지도 모르고 심판 때에 어떻게 하나님 앞에 나타나야 할지도 모르겠네." 그러자 그의 아우는 농담으로 말했다.

"그런 것은 단지 우울한 생각에 불과할 뿐입니다." 왕은 아무런 대답도 하지 않았다. 그런데 어떤 사람이든 그 사람의 집 앞에 와서 사형 집행관이 나팔을 불면 그는 곧 사형 집행장으로 끌려가는 것이 그 나라의 관례였다.

어느 날 밤이 아주 깊을 때 왕이 사형집행관을 보내 그의 아우의 집 앞에서 나팔 불게 했다. 그의 아우는 그 나팔 소리를 듣고 죽음의 사자를 보더니 황급히 달려가 왕을 뵙고 자신이 어떤 죄를 범했는지 알려 달라고 간청했다. 왕은 이렇게 말했다.

"아우여, 자네는 결코 나에게 죄를 범한 적이 없네. 그런데 내 사형 집행관을 보는 것이 그토록 무서운가? 그렇다면 큰 죄를 범한 내가 그리스도의 심판석에 앞에 끌려 나가기를 두려워하는 것에 대해서 자네는 어떻게 생각하는가?" (네이버 블로그 고동엽)

자신이 곧 죽는다고 가정하여서 짧은 유서를 써 보자.

본론 / 수용하기: 심판의 기준

"선한 일을 행한 자는 생명의 부활로, 악한 일을 행한 자는 심판의 부활로 나오리라"(요한복음 5장 29절) 이 말씀은 이미 구약에서도 다니엘을 통해 예언된 것이다. 다니엘 12장 2절 "땅의 티끌 가운데에서 자는 자 중에서 많은 사람이 깨어나 영생을 받는 자도 있겠고 수치를 당하여서 영원히 부끄러움을 당할 자도 있을 것이며." 맞다. 예수님이 재림하시는 날이 되면, 예수님을 믿는 자들이나 예수님을 믿지 않는 자들이나 모두 부활한다. 예수님을 믿는 자들은 부활하는 반면에 예수님을 믿지 않는 자들은 무로 돌아가 버리거나 멸절되어 버린다는 생각은 성경의 가르침과 어긋난다. 여호와의 증인, 제칠 일 안식일 예수 재림교회, 하나님의 교회 등, 그들은 악한 자들을 하나님이 지옥에 보내지 않고 소멸시킨다고 가르친다. 이것을 'doctrine of annihilation'(소멸교리)라고 한다. 성경은 그렇게 가르치지 않는다. 의인도 살고 악인도 살아난다. 사도행전 24장에 보면, 사도 바울이 예수님을 전하고 다니자 화가 난 대제사장과 유대 장로들이 바울을 로마 총독 벨릭스에게 고발하는 내용이 나온다. 고소 이유는 이렇다. 행 24:5-6 "5. 우리가 보니 이 사람은 전염병 같은 자라 천하에 흩어진 유대인을 다 소요하게 하는 자요 나사렛 이단의 우두머리라 6. 그가 또 성전을 더럽게 하려 하므로 우리가 잡았사오니."(사도행전 24장 5절-6절) 이에 바울이 로마 총독 벨릭스 앞에서 자신을 변호한다. "15. 그들이 기다리는 바 하나님께 향한 소망을 나도 가졌으니 곧 의인과 악인의 부활이 있으리라 함이니이다 16. 이것으로 말미암아 나도 하나님과 사람에 대하여 항상 양심에 거리낌이 없기를 힘쓰나이다."(사도행전 24장 15절-16절)

사도 바울은 '의인과 악인의 부활이 있으리라'고 분명히 말한다. 그런데 차이는 의인은 부활하여 영원한 생명에 참여하게 되고, 악인은 하나님의 심판을 받아서 영원한 부끄러움에 떨어지는 것이다. 그러므로 예수님의 재림은 어떤 사람들에게는 재앙의 때이지만, 믿는 성도들에게는 한없는 위로와 기쁨의 때가 될 것이다. 그 하늘나라가 어떤 나라인가? 온갖 보석으로 단장된 나라이며, 수정 같이 맑은 생명수의 강이 흐르는 곳이다. 이 땅에서 겪은 모든 질고와 슬픔과 고통으로 인해, 흘린 눈물들을 하나님께서 친히 닦아 주시고, 씻겨 주시는 곳이다. 다시는 사망이 없는 곳이다. 애통하는 것이나 곡하는 것이나 질병도 아픔도 저주도 없는 곳이다. 요한계시록에 나타난 천국의 묘사는 사실 지극히 작은 일부분이다. 살짝 맛 만 보여 준 것이다. 천국은 우리가 기대하는 이상으로 더 좋고 아름답고 풍성한 곳이다. 천국은 결코 우리를 실망시키지 않을 것이다. 성도들의 궁극적인 소망이 바로 이 나라에 있으며, 또 이 나라에 있어야 한다.

그렇다면 심판의 기준은 무엇인가? 예수님은 요한복음 5장 29절에서 '선한 일을 행한 자는 생명의 부활로, 악한 일을 행한 자는 심판의 부활로 나오리라'하셨고, 사도 바울은 '의인과 악인의 부활이 있으리라'고 말씀하셨는데 그 기준이 무엇이냐 하는 것이다. 누가 선한 일을 행한 자고, 누가 악한 일을 행한 자인지, 누가 의인이고, 누가 악인인지 그 분명한 기준점이 있어야 할 것이 아니겠는가? 성경 안에 여러 가지 기준이 나오지만 크게 두 가지로 정리할 수 있다.

첫째, 가장 중요한 것은 회개하고 예수 그리스도를 주님으로 영접했느냐 하는 것이다. 환자라야 의원을 필요로 하듯, 자신이 죽을 수밖에 없는 죄인인 것을 고백하고 회개해야 예수님을 구주로 영접할 수 있다. "12. 영접하는 자 곧 그 이름을 믿는 자들에게는 하나님의 자녀가 되는 권세를 주셨으니 13. 이는 혈통으로나 육정으로나 사람의 뜻으로 나지 아니하고 오직 하나님께로 부터 난 자들이니라."(요한복음 1장 12절-13절) 마음으로 영접하는 것이지만 특히 입술의 고백이 중

23일 / 거기로부터 살아있는 자와 죽은 자를 심판하러 오십니다.(2)

요하다. "32. 누구든지 사람 앞에서 나를 시인하면 나도 하늘에 계신 내 아버지 앞에서 그를 시인할 것이요 33. 누구든지 사람 앞에서 나를 부인하면 나도 하늘에 계신 내 아버지 앞에서 그를 부인하리라." (마태복음 10장 32절-33절) "9. 네가 만일 네 입으로 예수를 주로 시인하며 또 하나님께서 그를 죽은 자 가운데서 살리신 것을 네 마음에 믿으면 구원을 받으리라 10. 사람이 마음으로 믿어 의에 이르고 입으로 시인하여 구원에 이르느니라."(로마서 10장 9절-10절)

둘째, 입으로만 "주여 주여" 하는 자가 아니라 말씀대로 순종하는 자인가 하는 것이다. "21. 나더러 주여 주여 하는 자마다 다 천국에 들어갈 것이 아니요 다만 하늘에 계신 내 아버지의 뜻대로 행하는 자라야 들어가리라 22. 그날에 많은 사람이 나더러 이르되 주여 주여 우리가 주의 이름으로 선지자 노릇 하며 주의 이름으로 귀신을 쫓아내며 주의 이름으로 많은 권능을 행하지 아니하였나이까 하리니 23. 그때에 내가 그들에게 밝히 말하되 내가 너희를 도무지 알지 못하니 불법을 행하는 자들아 내게서 떠나가라 하리라."(마태복음 7장 21절-23절) 예수님께서 가장 싫어하시는 것은 외식하는 믿음이다. 바리새인은 이것 때문에 책망받았다. 예수님의 마태복음 25장의 비유가 다 그러한 것을 말해 주고 있다. 열 처녀 비유, 달란트 비유, 양과 염소의 비유 "31. 인자가 자기 영광으로 모든 천사와 함께 올 때에 자기 영광의 보좌에 앉으리니 32. 모든 민족을 그 앞에 모으고 각각 구분하기를 목자가 양과 염소를 구분하는 것 같이 하여 33. 양은 그 오른편에 염소는 왼편에 두리라 34. 그 때에 임금이 그 오른편에 있는 자들에게 이르시되 내 아버지께 복 받을 자들이여 나아와 창세로부터 너희를 위하여 예비된 나라를 상속받으라 35. 내가 주릴 때에 너희가 먹을 것을 주었고 목마를 때에 마시게 하였고 나그네 되었을 때에 영접하였고 36. 헐벗었을 때에 옷을 입혔고 병들었을 때에 돌보았고 옥에 갇혔을 때에 와서 보았느니라 37. 이에 의인들이 대답하여 이르되 주여 우리가 어느 때에 주께서 주리신 것을 보고 음식을 대접하였으며 목마르신 것을 보고 마시게 하였나이까 38. 어느 때에 나그네 되신 것을 보고 영접하였으며 헐벗으신 것을 보고 옷 입혔나이까 39. 어느 때에 병드신 것이나 옥에 갇히신 것을 보고 가서 뵈었나이까 하리니 40. 임금이 대답하여 이르시되 내가 진실로 너희에게 이르노니 너희가 여기 내 형제 중에 지극히 작은 자 하나에게 한 것이 곧 내게 한 것이니라 하시고 41. 또 왼편에 있는 자들에게 이르시되 저주를 받은 자들아 나를 떠나 마귀와 그 사자들을 위하여 예비된 영원한 불에 들어가라 42. 내가 주릴 때에 너희가 먹을 것을 주지 아니하였고 목마를 때에 마시게 하지 아니하였고 43. 나그네 되었을 때에 영접하지 아니하였고 헐벗었을 때에 옷 입히지 아니하였고 병들었을 때와 옥에 갇혔을 때에 돌보지 아니하였느니라 하시니 44. 그들도 대답하여 이르되 주여 우리가 어느 때에 주께서 주리신 것이나 목마르신 것이나 나그네 되신 것이나 헐벗으신 것이나 병드신 것이나 옥에 갇히신 것을 보고 공양하지 아니하더이까 45. 이에 임금이 대답하여 이르시되 내가 진실로 너희에게 이르노니 이 지극히 작은 자 하나에게 하지 아니한 것이 곧 내게 하지 아니한 것이니라 하시리니 46. 그들은 영벌에, 의인들은 영생에 들어가리라 하시니라."(마태복음 25장 31절-46절)

23일 / 거기로부터 살아있는 자와 죽은 자를 심판하러 오십니다.(2)

"14. 내 형제들아 만일 사람이 믿음이 있노라 하고 행함이 없으면 무슨 유익이 있으리요 그 믿음이 능히 자기를 구원하겠느냐 15. 만일 형제나 자매가 헐벗고 일용할 양식이 없는데 16. 너희 중에 누구든지 그에게 이르되 평안히 가라, 덥게 하라, 배부르게 하라 하며 그 몸에 쓸 것을 주지 아니하면 무슨 유익이 있으리요 17. 이와 같이 행함이 없는 믿음은 그 자체가 죽은 것이라." (야고보서 2장 14절-17절)

행함이 없는 믿음은 죽은 것이다. 또한 믿음이 없는 행함 역시 무의미한 것이다. 믿음과 행함은 구분되거나 따로 떨어진 것이 아니라 동전의 양면과 같은 것이다. 하나님이 부르신 자는 구원 받았다함이요, 그는 하나님을 사랑하는 자요, 하나님을 사랑하는 자의 열매는 이웃 사랑으로 드러나는 것이다. 즉, 믿음이 있는데 이웃 사랑이 없다는 것은 그 믿음이 하나님으로부터 온 것이 아니다. 믿음은 선물이다. 하나님으로부터 온 믿음은 이웃을 사랑하는 자리로 가게 되어 있다. 이웃이 가장 필요한 그것을 그에게 줄 수밖에 없는 자리로 가는 것이다. 그래서 믿음은 사랑이다.

결론 / 결단 및 행함의 기도

거룩하신 하나님, 우리는 심판 안에서 살고 있습니다. 믿음의 거룩한 은혜를 주시어 심판 중에 영생을 얻었습니다. 그러나 영생을 얻은 자의 삶의 열매는 은혜와 감사와 풍성함입니다. 그런 인생이 되어 심판 중에 이미 영생을 확보한 자의 온전함과 지혜로움을 주소서. 부족한 것이 많지만 늘, 주님의 사랑 안에서 구원받은 자의 삶으로 온전하게 하소서. 예수님의 이름으로 기도합니다. 아멘.

나는 성령을 믿으며

본문: 요한복음 14장 16절-17절

16. 내가 아버지께 구하겠으니 그가 또 다른 보혜사를 너희에게 주사 영원토록 너희와 함께 있게 하리니 17. 그는 진리의 영이라 세상은 능히 그를 받지 못하나니 이는 그를 보지도 못하고 알지도 못함이라 그러나 너희는 그를 아나니 그는 너희와 함께 거하심이요 또 너희 속에 계시겠음이라

서론 / 마음 열기 및 예화: 성령의 길, 사람의 길

영국이 낳은 청교도 신앙가 존 번연은 국왕의 명을 어겼다는 죄로 감옥에 갇혔던 일이 있었다. 어느 날 간수장이 번연에게 윗사람 모르게 옥문을 열어주면서 집에 가서 사모님과 식구들을 잠깐 보고 오라고 했다. 그의 말을 따라 문을 나섰던 번연은 얼마쯤 가다가 다시 돌아왔다. 왜 왔느냐고 묻는 간수장에게 번연은

"당신의 호의는 고마우나 성령이 인도하시는 길이 아니라서 돌아왔습니다"라고 대답했다. 그로부터 한 시간 후에 이 나라 국왕이 직접 감옥을 시찰하면서 존 번연을 확인하고 돌아갔다. 이때 간수장은 다음과 같이 말했다.

"목사님께서 성령의 인도하심을 따라 행동하셨기에 목사님도 살고 나도 살았습니다. 이제 제가 언제 목사님께 가시라 오시라 하지 않을 테니 목사님의 마음에 비쳐오는 성령의 인도하심을 따라가시고 싶을 때 가셨다가 오시고 싶을 때 오시기 바랍니다"라고 했다. (네이버 블로그 성령의 인도)

나눔 질문

성령 받음과 성령 충만함, 성령의 인도함은 어떤 의미인지 서로 나눠봅시다.

본론 / 수용하기: 회복의 영

* 성령님을 향한 신앙고백

사도신경은 열두 개의 '나는 믿는다'라는 신앙고백으로 되어 있다. 첫 번째는 성부 하나님에 대한 믿음의 고백이고, 두 번째부터 일곱 번째까지는 성자 예수님에 대한 믿음의 고백이다. 이제 여덟 번째로 삼위 하나님 중 한 분이신 성령 하나님에 대한 믿음의 고백이 나온다. 그런데 성령 하나님에 대한 고백은 우리를 당황케 한다. 너무 짧고 간단해서 그렇다.

"나는 성령을 믿으며"

사도신경에 대하여 설명한 어떤 책에서는 그 당시 그리스도에 대한 신학, 즉 기독론에 관하여 아주 문제가 많았기 때문에 그것은 자세하고 구체적으로 고백하게 했지만, 성령님에 대해서는 그때까지 신학적으로 정립된 것이 없어서 이렇게 간단히 언급만 한 것이라고 설명하기도 한다. 우리는 사실 성령 하나님에 대한 이 신앙고백이 너무 짧다고 당황할 필요가 없다. 이 고백은 절대로 성령 하나님을 상대적으로 무시한 것이 아니기 때문이다. "나는 성령을 믿으며"라는 이 고백은 결코 성령 하나님이 계신다는 것을 믿는다는 고백, 즉 성령 하나님의 존재에 대한 믿음의 고백이 아니기 때문이다.

물론 성부 하나님과 성자 예수님에 대한 신앙고백도 단지 하나님의 존재를 믿는다는 뜻으로 하는 고백이 아니다. 특히 성령 하나님에 대한 고백은 결코 성령님의 존재를 믿는다는 것이 아니라 '성령 하나님의 사역과 그 역사하심을 믿는다'는 고백이다. 그러므로 엄밀하게 말해서 성령님에 대한 신앙고백은 "나는 성령을 믿으며"라는 이 여덟 번째 고백으로 끝나는 게 아니다. 뒤이어 나오는 네 개의 고백, 즉 "거룩한 공교회와 성도의 교제와 죄를 용서받는 것과 몸의 부활과 영생을 믿습니다."라는 이 고백들이 성령을 믿는다는 신앙고백의 구체적인 내용으로 설명되고 있는 것이다. 물론 마지막 네 가지 고백은 '교회와 성도에 대한 믿음의 고백'으로 따로 분류하는데, 엄밀하게 말하면 바로 그 네 개의 고백을 성령님의 사역으로 볼 수 있다는 말이다.

이것이 확실하다고 말할 수 있는 것은, 사도신경의 라틴어 원문을 보면 "나는 성령을 믿으며"라는 고백에서 'Credo'(나는 믿는다)를 사용하고 나서, 그 후에 이어지는 고백들은 모두 쉼표로 연결하고 있다. 즉 뒤에 나오는 네 가지 고백은 성령을 믿는다는 고백에 계속 이어지는 신앙고백이라는 것이다.

정리해보면, "나는 성령을 믿으며"라는 고백은 '나는 성령의 역사하심을 믿습니다.'라는 뜻이다. 그리고 이것은 단지 성령의 역사가 있다는 것을 믿는다는 고백이 아니라, '성령의 역사하심이 우리 가운데 있음을 믿습니다. 그 역사하심으로 우리가 이 세상에서 주님의 제자로 살아갈 수 있음을 믿습니다. 그래서 성령의 역사하심을 정말 사모합니다.'라는 신앙고백이다.

* 성령의 역사하심

성령의 역사하심이란 구체적으로 무엇을 말하는가? 성령님의 역사를 한두 마디로 간단히 정의할 수는 없겠지만, 성경에서 성령님이 역사하시는 것에 대한 말씀들, 특히 예수님이 증언하신 성령에 대한 말씀들을 보면, 성령의 주된 역사하심은 세 가지다.

첫째, 관계를 맺어주신다. "그러므로 내가 너희에게 알리노니 하나님의 영으로 말하는 자는 누구든지 예수를 저주할 자라 하지 아니하고 또 성령으로 아니하고는 누구든지 예수를 주시라 할 수 없느니라"(고린도전서 12장 3절) 예수 그리스도를 주님으로 고백하게 하시는 분은 바로 성령님이다. 안 믿는 사람은 예수님을 주님으로 고백하지를 못한다. 성령이 그 안에 안 계시기 때문이다. 하나님을 아버지라고 부를 수 있게 하시는 분도 성령님이다. 성령님은 이렇게 성부 하나님, 성자 하나님과 우리와의 관계를 맺어주신다. 성령님은 또한 모든 성도가 예수님 안에서 한 지체가 되게 하신다. 그래서 한 가족, 한 공동체를 이루게 한다. 성도 간의 아름다운 교제, 즉 코이노니아가 가능하게 하시는 분이 바로 성령님이시다. 이처럼 성령님의 역사하심 가운데 가장 중요한 것은 바로 관계를 맺어 주시는 것이다.

둘째는 깨닫게 하신다. 성령님에 대해 가장 정확하게 그리고 가장 적극적으로 소개하신 분은 바로 우리 주 예수 그리스도이시다. 물론 성령님은 구약 시대에도 역사하셨다. 신약에서 무엇보다 예수님은 성령으로 잉태되셨다. 예수님이 세례 요한에게 세례를 받고 물에서 올라오실 때 성령이 비둘기같이 임하셨다. 또 예수님이 광야에서 40일간 금식하실 때 그 모든 것을 성령님이 이끄셨다. 그리고 그 후 공생애 내내 계속해서 성령님이 예수님과 함께하셨다. 이처럼 성령님은 처음부터 계셨고, 계속해서 역사하셨다. 하지만 본격적으로 성령님을 소개하신 분이 바로 예수님이시다. 마치 당신의 구원 사역을 마무리하고 마치 육상 계주에서 바턴을 터치하듯이 당신의 제자들에게 성령님을 소개하신 것이다. 그 내용이 요한복음 16장 7절에 잘 표현되어 있다. "그러나 내가 너희에게 실상을 말하노니 내가 떠나가는 것이 너희에게 유익이라 내가 떠나가지 아니하면 보혜사가 너희에게로 오시지 아니할 것이요 가면 내가 그를 너희에게로 보내리니" 그런데 예수님이 당신의 뒤를 이어서 사역하실 성령님을 소개하면서 그분의 사역 가운데 매우 강조하시는 것이 있다. 8절을 보자. "그가 와서 죄에 대하여, 의에 대하여, 심판에 대하여 세상을 책망하시리라"(요한복음 16장 8절) 여기에서 '책망하다'는 헬라어 원어로 '엘렝코'인데, '드러내다, 폭로하다'라는 뜻이다. 이것을 한국어 성경에서는 '책망하다'라고 번역했는데, 사실 이 번역은 정확한 번역이 아니다. '책망하다'라는 단어 안에는 지적하고 야단치고 혼낸다는 의미가 들어 있어서 그렇다. 이 구절에서 '엘렝코'의 정확한 의미는 '깨닫게 하다'이다. 지적하고 혼내고 야단치는 의미가 아니라, 본인 스스로 깨닫는 것을 말합니다. 〈새번역〉 성경에서는 이것을 잘 번역했다. "그가 오시면, 죄와 의와 심판에 대하여 세상의 잘못을 깨우치실 것이다." 그것이 죄라는 것을 깨닫게 하시고, 무엇이 의로운 것인지를 깨닫게 하시고, 그래서 어떻게 살아야 하는지를 깨닫게 하시는 것이다. 이러한 '깨닫게 하심'이 바로 성령님의 주된 사역이다.

선교학에 '엘렝틱스'(Elenctics)라는 개념이 있는데, 이것은 네덜란드의 개혁주의 선교신학자 헤르만 바빙크(Herman Bavinck)가 만든 선교적 용어와 이론이다. 선교 사역은 복음이 없는 곳에 가서 그들이 그동안 익숙하게 여기며 살았던 모든 것이 죄악 되고 무의미하며 헛된 것이라는 사실을 복음의 진리로 깨닫게 해야 한다는 것이다. 이 '엘렝틱스'가 바로 요한복음 16장 8절의 '엘렝코', 즉 성령님의 중요한 사역 가운데 하나인 '깨닫게 하심'에서 온 것이다.

이처럼 성령님은 깨닫게 하시는 분이다. 죄에 대하여 깨닫게 하시고, 의에 대하여 깨닫게 하시고, 심판에 대해 깨닫게 하신다. 하지만 성령님은 단지 잘못된 것만을 깨닫게 하시는 것이 아니라, 진리 자체를 깨닫게 해 주신다. "그러나 진리의 성령이 오시면 그가 너희를 모든 진리 가운데로 인도하시리니 그가 스스로 말하지 않고 오직 들은 것을 말하며 장래 일을 너희에게 알리시리라" (요한복음 16장 13절) 성령님은 진리의 영이시다. 그래서 진리를 깨닫게 하시는 것이다. 구체적으로는 말씀을 깨닫게 하신다. 하나님의 마음을 깨닫게 하신다. 하나님의 사랑을 깨닫게 하신다. 마귀의 속임수를 걷어내고 우리를 여전히 사랑하신다는 그 진리를 깨닫게 하시는 것이다. 성령님이 깨닫게 하지 않으시면 우리는 말씀의 깊은 의미와 진리를 알 수 없게 된다. 또한 성령님이 깨닫게 하지 않으시면 우리는 말씀이 하나님의 살아 있는 음성으로 역사하시는 은혜를 누릴 수가 없다. 우리는 성령님이 깨닫게 하시는 은혜를 반드시 체험해야 한다.

셋째로는 회복시키신다. 성령님의 결정적인 사역은 바로 '회복'이다. 관계를 맺어 주시는 성령님은 죄로 인하여 하나님과의 관계가 깨지고 멀어졌던 모든 사람 가운데 회개의 영을 불어넣어 주시고 깨닫게 하셔서 관계를 회복시켜주신다. 예수 그리스도를 구세주와 주인으로 고백하며 그분을 영접하게 하시면서 그 십자가 구원의 은혜를 통해 모든 삶을 회복시켜주시는 것이다. 그래서 예수님은 성령님을 소개하면서 그 이름을 '보혜사'라고 하셨던 것이다. 이 보혜사라는 이름은 헬라어로 '파라클레토스'인데, 그 안에는 '보호자, 중재자, 변호하는 자'라는 뜻이 들어 있다. 그래서 우리는 성령님을 '우리 곁에서 도와주시는 분'으로 이해한다.

그런데 이 '파라클레토스'라는 단어에는 '상담자, 위로자'라는 뜻도 있다. 결국 '보혜사'이신 성령님의 사역의 최종 목표는 바로 우리의 회복이다. 우리의 영혼을 지키고 돕고 위로함으로 우리 안에 깨어진 하나님의 형상을 회복시키는 것이 바로 성령님의 주된 사역이다. 그렇다. 성령님은 회복시키는 분이다. 성령님이 임하시면 각 사람의 마음에 회복의 역사가 일어나고, 공동체 속에 회복의 역사가 일어난다. 무엇보다 먼저 하나님과의 관계가 회복되면서 우리의 마음이 회복되고, 우리의 꿈이 회복되고, 우리의 모든 관계가 다 회복되는 것이다.

이런 성령님의 회복하시는 역사에 관한 이야기가 하나 있다. 한국의 찬양 사역자 중 이은수라는 분이 있는데, 오래전 LA에 있는 ANC 온누리교회 찬양 사역을 담당하셨던 목사님이다. 그분이 만든 곡 중 아마도 가장 유명한 곡이 '너는 내 아들이라'일 것이다. 이 곡은 이은수 목사님이 작곡했지만, 가사를 쓴 분은 '이재왕'이라는 형제였다. 이재왕 형제는 1967년생으로 선천적 근육병인 '근육디스트로피'라는 희귀병을 앓았다. 그는 네 살 때부터 몸이 아파 의사들은 스무 살을 넘기지 못할 거라고 했다. 학력은 어머니 등에 업혀서 간신히 초등학교를 마친 게 전부였지만, 그는 크리스천으로서 최선을 다해 노력해서 500편이나 되는 찬송 시를 남기고 결국 33세에 일찍 세상을 떠났다. 그가 힘들고 어려운 시간을 보내고 있던 20대 초반의 어느 날, 한없이 몸부림쳤지만 자기 자신이 너무 비참해서 그냥 죽어 버리고 싶었다고 한다. 그러나 몸이 말을 듣지 않아서 맘대로 죽을 수도 없는 그 비참한 순간 무력함과 절망과 허무함과 싸우면서 말씀을 보게 되었는데, 그것이 시편 2편 7절 말씀이었다.

"내가 여호와의 명령을 전하노라 여호와께서 내게 이르시되 너는 내 아들이라 오늘 내가 너를 낳았도다"

그런데 이 말씀에서 "너는 내 아들이라 오늘 내가 너를 낳았도다" 라는 구절이 그 순간 갑자기 살아 계신 하나님의 생생한 말씀으로 들려오면서 그의 심령 가운데 역사가 일어나기 시작했다. 너무 아프고 무력하고 비참해서 더 이상 살고 싶지도 않았던 그에게 하나님이 시편의 말씀을 통해 "아니다. 너는 내 아들이다. 내가 너를 십자가의 대속을 통해 낳았다."라고 귀에 들리게 말씀하시는 것처럼 느껴졌다고 한다. 바로 그 순간 그의 무너졌던 마음이 다시 살아나는 역사를 체험했다는 것이다.

'비록 나는 아무것도 할 수 없는 몸이지만, 그럼에도 여전히 존귀하고 행복한 것은 이런 내가 하나님의 아들이기 때문이다. 이런 나를 우리 주님이 십자가에서 죽으면서 구원하셔서 하나님의 아들이 되게 하셨다.' 이런 벅차오르는 감격 가운데 써 내려간 찬송 시가 바로 '너는 내 아들이라'입니다.

힘들고 지쳐 낙망하고 넘어져 일어날 힘 전혀 없을 때에
조용히 다가와 손잡아 주시며 나에게 말씀하시네
나에게 실망하며 내 자신 연약해 고통 속에 눈물 흘릴 때에

못 자국 난 그 손길 눈물 닦아 주시며 나에게 말씀하시네
너는 내 아들이라 오늘날 내가 너를 낳았도다
너는 내 아들이라 나의 사랑하는 내 아들이라

언제나 변함없이 너는 내 아들이라
나의 십자가 고통 해산의 그 고통으로 내가 너를 낳았으니
너는 내 아들이라 오늘날 내가 너를 낳았도다
너는 내 아들이라 나의 사랑하는 내 아들이라

이재왕 형제의 찬송시 '너는 내 아들이라'가 쓰인 모든 과정이 바로 성령님의 역사입니다. 시편 말씀을 보면서 그 형제가 그것이 자기를 향해 주시는 하나님의 살아 있는 말씀이라고 받게 하신 것, 예수 그리스도의 구원의 십자가를 통해 다시 태어나 하나님을 아버지라고 부를 수 있게 되었음을 깨닫게 하신 것, 이로 인하여 하나님과의 관계가 '아버지 하나님'으로 온전히 회복되게 하신 것이 성령님의 역사이다. 무엇보다 하나님이 자기를 버리신 것 같은 상황, 그래서 하나님에게 잊힌 자인 것 같이 여겨질 때 '그렇지 않다. 너는 여전히 내 아들이다. 십자가 그 해산의 고통으로 내가 너를 낳았다.'라고 말씀하시는 은혜가 임하면서 하나님의 아들로 회복된 사건이 바로 성령님의 사역이며 역사하심인 것이다.

성령의 역사하심은 지금도 모든 사람에게 일어나고 있다. 특히 '나는 성령을 믿습니다.'라고 고백하는 모든 사람에게 지금도 동일하게

일어나고 있다. 그러므로 우리 모두 언제나 '나는 성령을 믿습니다.'라고 고백하는 가운데 지금도 살아 역사하시는 성령님의 능력을 강력하게 체험하며 나아갈 수 있다. (콜럼버스 한인 장로교회)

결론 / 결단 및 행함의 기도

성령의 운행과 역사를 믿습니다. 그 성령의 역사가 믿음으로 구원으로 인도하셨습니다. 앞으로도 우리의 인생중에 성령께서 인도하시고 거룩한 견인으로 이끄실 줄 믿습니다. 성령의 사람이 있는 곳에 성령의 회복과 치유의 역사가 일어나길 간절히 소망하며 예수 그리스도 이름으로 기도합니다. 아멘.

거룩한 공교회

—

본문: 에베소서 4장 1절-6절

1. 그러므로 주 안에서 갇힌 내가 너희를 권하노니 너희가 부르심을 입은 부름에 합당하게 행하여 2. 모든 겸손과 온유로 하고 오래 참음으로 사랑 가운데서 서로 용납하고 3. 평안의 매는 줄로 성령의 하나 되게 하신 것을 힘써 지키라 4. 몸이 하나이요 성령이 하나이니 이와 같이 너희가 부르심의 한 소망 안에서 부르심을 입었느니라 5. 주도 하나이요 믿음도 하나이요 세례도 하나이요 6. 하나님도 하나이시니 곧 만유의 아버지시라 만유 위에 계시고 만유를 통일하시고 만유 가운데 계시도다

서론 / 마음 열기 및 예화: 하나 되는 운동

에릭 프롬은 말하기를 '인간 심리와 행동의 모든 의식적·무의식적 원천에는 분리를 극복하려는, 합일(合一)에 이르려고 하는 동기가 있다.'고 했다. 그 갈라진 둘이서 하나가 되려고 한다는 것이다. 또 C.S. 루이스는 '대 이혼 사건'이라는 글을 썼는데 이것은 밀턴의 '실락원'이나 단테의 '신곡'처럼 유명하다. 이것을 '사랑과 미움의 대하(大河) 드라마'라고 부를 수 있겠다. 예수 그리스도의 십자가 사건 이전에는 하나님과 사람 사이에 사랑이 미움으로 바뀌고, 정 관계가 반 관계로 바뀌어 있었다. 그런데 예수의 십자가에 의해서 하나님과 사람을 하나로 만들고 나와 이웃, 나와 나를 하나로 만드는 운동, 회개하는 운동, 즉 정 관계를 맺게 되었다. 그렇게 우리가 예수 사건을 풀이할 수 있다. 우리나라의 시인 김 소월은 '초혼'에서 '불러도 대답 없는 이름이여 부르다가 내가 죽을 이름이여'라는 구절이 있다. 그와 같이 예수님이 십자가에 달리셔서 하신 "엘리엘리라마사박다니(나의 하나님, 나의 하나님, 어찌하여 나를 버리십니까?)" 이말 속에는 한 손으로는 내 손을 붙잡고, 또 한 손으로는 하나님의 손을 붙잡고, 내 이름을 부르고 하나님의 이름을 부르면서 심장이 터지도록 외치는 절규가 있다. 에베소서 4장 13절에 "우리가 다 하나님의 아들을 믿는 것과 아는 일에 하나가 되어 온전한 사람을 이루어 그리스도의 장성한 분량이 충만한 데까지 이르리니" 죄와 악으로부터 벗어나 주와 하나 되어야 한다. (네이버 블로그 주의 뜰)

나눔 질문

공동체를 세워가기 위해 가장 중요한 덕목은 무엇일까요?

본론 / 수용하기: 보편적 교회

　사람들은 누구나 그가 몸담고 살아갈 참된 공동체에 대한 목마름이 있다. 특별히 기독교인의 경우 이상적인 교회에 대한 목마름이 있다. 그래서 그 이상적인 교회 공동체를 찾기 위해 방황하기도 한다. 그러나 우리가 이 세상에서 찾고 있는 이상적인 공동체나 교회를 발견하기는 그렇게 쉬운 일이 아니다. 아마도 평생 그러한 공동체를 만나지 못할지도 모른다. 오랜 기간 스위스 보세이 인스티튜트에서 성서연구원으로 일했던 수잔 데 디트리히(Suzanne De Dietrich) 여사는 그의 '증거하는 공동체'라는 책에서 다음과 같이 말한다.

　"현대인은 웅성거리며 복잡한 세계에서 살고 있지만 이보다 더 고독한 삶도 일찍이 없었다. 가족이나 사회 공동체 모두가 구심력을 잃고 원심력에 의해 각자 뿔뿔이 흩어져 정신생활이 날로 공허해가고 있다. 오늘날 어디서든지 사람들은 '공동체'에 굶주리고 목말라 있다. 그러나 과연 공동체란 무엇을 뜻하는지 분명치 않다. 오늘날 교회의 사명 가운데 하나는 바로 이 진정한 공동체가 어떤 것인지를 사회에 보여주는 일이라 하겠다. 지금도 우리는 하나님의 사람으로서의 소명과 책임을 끊임없이 요청받고 있다. 교회는 이 세상에서 선발된 공동체요 증거의 공동체로서 이 세상으로 다시 파송 받는 하나님의 사람들이다."

사도신경의 교회에 대한 명제는 바로 공동체와 관련된 것이다. 여기서 말하는 것은 우리가 찾고 있는 그러한 이상적인 공동체가 바로 이 세상에 있는 교회이니 교회를 믿으라고 말하지 않는다. 사도신경에서 말하는 것은 참된 공동체로서 지향해야 할 방향에 대해 말하고 있다. 사도신경에서 제시하는 참된 교회 공동체는 '거룩한 공교회-거룩한 보편적 교회'이다. 거룩하고, 보편적이란 교회의 본질을 규정하는 말이다.

우리가 교회에 대해 고백을 할 때는 현재 세속화되어있고, 분열이 극심한 현실의 교회를 바라보며 충성을 다짐하는 것이 아니다. 우리의 고백은 하나님의 구원사에서 성령의 능력 가운데 있는 거룩하고, 보편적 교회를 희망 가운데서 바라보며 고백하게 된다. 그래서 사도신경의 교회에 대해 고백할 때마다 하나님의 부르심이 있는 교회로 나가고자 하는 새로운 다짐이 있게 된다. 이 고백은 우리가 '차지도 않고, 뜨겁지도 않은' 사교 집단과 같은 수준에 안주하려는 유혹을 뿌리치고, 하나님의 부르심에 적극적으로 응답해 가고자 하는 결의를 새롭게 하게 된다.

교회의 본질은 거룩성과 보편성에 있다. 교회가 이것을 망각해 버린다면 그때 교회의 생명은 끝나게 된다. 거룩이라 할 때 그 의미를 성도들의 삶의 질로 파악할 수 있다. 특별히 우리의 문화적 전통에서 이 거룩은 점잖음, 윤리적 완전성으로 이해 될 수 있다. 그나 사도신경에서 거룩은 그것이 아니다. 여기서 거룩한 교회는 세상으로부터 하나님에 의해서 부름 받았고, 현재 부름 받고 있는, 하나님께 속해 있는 무리들이라는 의미다. 그러한 무리들에게 하나님께서 요구하시는 존재 과제가 있다.

교회에는 이 세상에서 그를 부르신 분의 부름에 어떻게 반영하며 살아가야 하는가에 대한 존재 과제가 있다. 얼마만큼 이 과제를 신실하게 바르게 파악해서 자기 자신을 표현하느냐에 따라 거룩한 교회로 되어갈 수도 있고, 그렇지 않을 수도 있다. 이 과제가 수행되기 위해서, 하나님께로 부름 받은 자들 가운데는 그의 삶을 거룩하게 하기 위한 끊임없는 운동이 일어나야 한다. 그 운동은 성령의 능력으로 이루어진다. 이 거룩한 교회 공동체가 지향해 나아가야 할 방향은 보편성이다. 보편성은 종족, 계급, 지역을 초월해서 전 세계적으로 나아가는 것이며, 그리고 인간의 모든 이기적인 분리주의를 타파하고 일치를 추구하며 나아가는 것이다. 그러한 존재 방식이 교회의 보편성이다.

16세기 종교개혁 후에 카톨릭 교회를 '기독교 교회'(Christian Church)로 바꾸지 않고 계속해서 그대로 사용하는 것은 교회가 가지고 있는 본질인 보편성 때문이다. '카톨릭'이란 말 자체가 '보편적'이라는 뜻이다. 사도들의 사명 자체가 보편성을 갖고 있다. 사도를 세상에 보내신 분이 예수 그리스도시며, 예수 그리스도를 죽은 자 가운데서 다시 살리신 분이 하나님이십니다. 교회가 가지고 있는 사도적 특성은 시대에 따라서 그 본질을 손상시키지 않으면서 계속 계승되어야 한다.

기독교 전 역사를 통해 교회가 지금까지 몸부림치면서 고민해온 문제는 보편성의 문제이다. 그것은 자기 형체와 일치의 문제였다. 자기 시대에서 어떻게 자신의 존재 방식을 표현하며, 어떻게 서로 다른 존재 방식 가운데서도 분열하지 않고 '일치를 이룰 수 있는가?'라는 문제는 교회가 가지고 있는 가장 큰 과제이다. 교회의 거룩성과 보편성에 관련된 이러한 풍자의 이야기가 있다.

어느 주일에 남아공화국에 있는 어떤 교회에 오직 백인만 예배에 참석할 수 있는 교회에 흑인이 들어가려고 했다. 그때 흑인이란 이유로 거절당했다. 그는 교회 뜰 한 구석에 앉아 있었다. 얼마 있다가 어떤 사람이 교회 마당에서 서성대고 있었다. 흑인이 그 사람을 자세히 보니 예수님이었다. "아니 예수님, 왜 예배에 참석하지 않고 밖에 서 계십니까?"라고 흑인이 물었다. 예수님은 "나도 백인이 아니어서 들어

가지 못하고 있다."라고 했다.

교회가 거룩성과 보편성을 포기해 버릴 때 거기에는 예수님도 역시 계시지 않는다는 것을 암시적으로 경고하는 이야기라고 생각 한다. 우리가 '교회를 믿는다.'라고 고백하는 것이 진실 되고 참된 것이 되려면, 교회는 자기 시대에서 언제나 인간의 이기심, 분열과 맞서 싸우고, 정의와 평화를 인류 전체의 목표로 지향해 갈 때 이다. 그러면 거룩하고 보편적인 교회가 되게 하는 그 본질적 요소는 무엇인가? 그것은 예배이다. 여기서 예배는 이 세상에서 '우리의 몸을 하나님이 기뻐하시는 거룩한 산 제물'로 드리는 것이다. 하나님이 기뻐하시는 거룩한 산 제물은 종의 삶으로 표현되는 디아코니아(diakonia), 즉 '봉사'다. 그것은 '그리스도와 일치를 이루는 길'이다. 거룩한 교회의 길은 그리스도와 일치 이외에 다른 길은 없다. 그러나 우리가 언제나 잊지 말아야 할 것은 우리의 '산 제사'는 '영적인 예배' 가운데서 드려져야 한다. 그렇게 되기 위해서는 회개, 묵상을 통한 의식과 가치 및 행동의 철저한 변화와 영감이 수반되어야 한다. 왜냐하면 봉사의 삶에는 영적 고갈과 자신의 의를 드러내고자 하는 육적인 욕망이 뒤 따르기 때문이다. 체코 출신 신학자인 로흐만 교수는 다음과 같이 말한다.

"사도신경의 의미에서 교회는 자기 목적이 아니다. 교회는 자신에 만족하고, 자신에게만 관심을 집중하는 것이 아니라, 교회는 예배의 프락시스(praxis/연습)에서 존재한다. 예배는 세상에 대한 하나님의 봉사를 하나님과 세계를 위한 기독교의 봉사를 의미한다. 이 두 의미에서 교회는 결코 교회 중심적으로 떨어질 수 없는 포괄적인 지평으로 내세워진다. 교회는 처음부터 외향적인 공동체이다. 그렇지 않으면 참된 교회일 수 없다."

신학자 칼 바르트는 이렇게 말했다.

"교회의 예배는 지상에서 일어날 수 있는 가장 중요한 것, 가장 절실한 것, 가장 영광스러운 것이다. 예배의 가장 중요한 내용은 인간의 업적이 아니다. 성령의 일이고 신앙의 행위이다."라고 했다. 거룩하고 보편적인 교회가 지향해 가는 목표는 하나님의 나라이다. 예수께서 이 세상에 계실 때 그가 선포하신 것도 역시 오고 있는 하나님 나라였다. 하나님 나라는 교회보다 위에 있다. 교회 그 자체가 하나님 나라가 아니다. 교회가 잘못을 범할 수 있는 것은 자신을 하나님 나라와 동일시 할 때이다. 하나님 나라는 기독교인들의 나라가 아니다. 기독교인들은 하나님 나라의 전망에서 살고 있다. 그들은 거기서 행동하고 고난을 받는다. 하나님 나라는 교회의 미래며 교회의 미래는 세상의 미래이기 때문에 교회는 이 세상과 분리될 수 없다. 교회는 오고 있는 하나님 나라 안에서 새로운 인류의 시작이다. 그들은 하나님의 미래에서 그 운명이 규정지어진 무리들이다. 교회는 하나님 나라를 기다리는 자들의 공동체로서 시간과 공간의 제한 가운데 있다. 이러한 미래를 향해 나아가는 교회는 세상에 있는 동안 어떤 제도나 규칙을 절대화해서는 안된다.

이 세상에서 교회의 표준은 언제나 오고 있는 하나님 나라의 빛 가운데서 자신을 비춰봐야 한다. 그 가운데서 교회는 모든 세상적이며 인간적인 얽매임과 굴레를 벗어버리고 자유의 영역으로 나아가게 된다. 하나님 나라의 지평에 서 있는 교회는 그 어느 순간도 이만하면 되었다고 자족할 수 있는 순간은 없다. 언제나 최선을 다한 후 '무익한 종'이라고 고백할 수밖에 없다.

교회는 성령의 첫 걸음지며, 성령의 종착지점은 아니다. 우리는 교회를 믿는다고 계속해서 말하지 않고서는 성령에 관해서 말할 수 없다. 반대로 우리가 교회를 성령의 역사로서 전적으로 정립하려 하지 않고서는 교회에 대해 말할 수 없다. 우리는 교회를 믿는다. 그러나 우리가 믿는 교회는 거룩한, 보편적인 교회이다. 그 교회를 움직이는 힘의 원동력은 성령의 능력이다. 우리는 성령의 능력 가운데 있는 교회를 믿는다. 성령의 능력 가운데 있는 교회는 세상에서 하나님과 세상을 위해 봉사하는 교회이다. 우리는 교회에 대해 희망을 갖는다. 우리의 희망은 교회의 크기, 재정의 풍부에 있지 않다. 우리의 희망은 거룩한, 보편적인 교회에 대한 희망이다. 사도 바울은 교회가 세상에서 그의 거룩성과 보편성을 지켜갈 것에 대해 이렇게 말씀하고 있다.

"그러므로 주 안에서 갇힌 내가 너희를 권하노니 너희가 부르심을 받은 일에 합당하게 행하여, 모든 겸손과 온유로 하고 오래 참음으로 사랑 가운데서 서로 용납하고, 평안의 매는 줄로 성령의 하나되게 하신 것을 힘써 지키라, 몸이 하나요, 성령도 한 분이시니 이와 같이 너희가 부르심의 한 소망 안에서 부르심을 받았느니라, 주도 한 분이시오 믿음도 하나요 세례도 하나요, 하나님도 한 분이시니 곧 만유의 아버지시라 만유 위에 계시고 만유를 통일 하시고 만유 가운데 계시도다. 아멘."(에베소서 4장 1절-3절)

결론 / 결단 및 행함의 기도

　주님, 허락하신 우리의 공동체, 교회가 부름 받은 사람들의 모임으로서 세상적인 가치와 철학이 아니라 하나님의 백성으로서 거룩함을 이루어 살길 원합니다. 우리의 삶에서의 하나님이 원하시는 인생으로서 결단하고 또한 보편적인 교회로서 모든 계층과 인종과 영역을 초월한 하나되어 온전한 공동체가 되게 하여 주소서. 예수님의 이름으로 기도합니다. 아멘.

성도의 교제

—

본문: 사도행전 2장 42-47절

42. 그들이 사도의 가르침을 받아 서로 교제하고 떡을 떼며 오로지 기도하기를 힘쓰니라 43. 사람마다 두려워하는데 사도들로 말미암아 기사와 표적이 많이 나타나니 44. 믿는 사람이 다 함께 있어 모든 물건을 서로 통용하고 45. 또 재산과 소유를 팔아 각 사람의 필요를 따라 나눠 주며 46. 날마다 마음을 같이하여 성전에 모이기를 힘쓰고 집에서 떡을 떼며 기쁨과 순전한 마음으로 음식을 먹고 47. 하나님을 찬미하며 또 온 백성에게 칭송을 받으니 주께서 구원 받는 사람을 날마다 더하게 하시니라

서론 / 마음 열기 및 예화: 하나 되는 운동

우리 사회의 인간관계는 좀 특이한 부분이 있다. 모든 인간관계를 수평으로 보기보다는 수직과 서열로 파악하려는 경향이 있다. 같은 회사에 입사했다든지, 처음 만났을 때 학교 다닌 연도, 선후배, 나이, 생일까지 맞추어 서열 속에 관계를 파악하기를 모색하는 성향이 강하다. 학생들도 1학년, 2학년, 3학년을 구별을 지어 놓고 있고 교수, 부교수, 조교, 전임 강사 등 지식인 사회에서도 결코 이들의 관계는 동료가 될 수 없으며, 선후배 이름을 함부로 부를 수 없다.

언젠가부터 우리 사회 조직체들은 인간관계가 동료 의식으로 관계되는 것이 아니라, 수직적으로 연결되어 있어 서열과 조직 속에서 움직이고 있다. 이러한 종적이고, 수직적 인간관계가 질서를 유지하는 데 도움이 되긴 하지만, 사랑과 협력의 공동체를 이루는 데는 결정적인 약점으로 작용하고 있다. 수직적이고 서열적인 관계는 서로 간의 진실한 교제가 이루어질 수 없게 할 뿐만 아니라, 인간관계에 분열을 일으킨다.

이런 서열 의식이나 계급의식이 교회 안에도 자리 잡고 있다면 교회는 어떻게 될까? 생각하기도 끔찍할 정도로 교회는 마치 회사와 같이 될 것이다. 교회 안에서 먼저 믿는 사람들이 터줏대감처럼 앉아 있는 것은 잘못이다. 그래서 예수님께서는 "너희 중에 누구든지 크고자 하는 자는 너희를 섬기는 자가 되고 너희 중에 누구든지 으뜸이 되고

자 하는 자는 너희 종이 되어야 하리라"(마태복음 20장 27절)고 말씀
하셨다.

　사도신경 가운데 '성도가 서로 교통하는' 것에 대해 묵상할 것이다.
한마디로 말하면 신앙생활을 하는 성도들 가운데 사이좋게 지내자는
것이다. 그런데 우리는 어떻게 서로 사귀고, 서로 교제하고 있는가?
다 그렇지는 않지만, 나름의 관계에 대한 지혜라고 적당한 거리를 유
지하려고 한다. 안 그러면 나중에 뒤통수 맞는다는 낭설도 있다. 그 정
도로 관계에 미숙하다. 목사도, 집사도, 성도도 가까이하지 말고, 적
당히 거리를 두고 지내는 것이 좋다고 말한다. 그런데 이런 식으로 거
리를 두고 사귀는 것이 성경적이 아니라는 것은 분명하다. (저자 논평)

나눔 질문

서열과 질서에 대해서 어떻게 생각하나요? 또한 교회에서 함께 교제하기 가장
어려운 대상은 누구인지 서로 나눠 봅시다.

본론 / 수용하기: 성도(聖徒), 거룩한 무리들

1. 성도는 누구인가?

우리는 전혀 다른 환경 가운데서 자랐고, 서로 다른 성격을 가지고 있다. 감정도 다르고, 생각도 다르다. 그뿐인가? 관점도 다르며, 삶의 방법도 다르다. 그래서 그런지 이런 다양한 가운데 모인 공동체 속에서 마음 한번 상하면 "당신과는 이제 끝장이야!" "당신하고는 결코 상대를 않겠어!"하고 핏대를 올린다. 그러나 우리의 진정한 형제 사랑, 참다운 우정은 어떻게 형성되는가? 어릴 때부터 한집에서 같이 살면서 서로 싸우기도 하지만, 미움과 사랑 속에서 정이 들었기 때문에 자란 후에 더욱 사랑이 깊어진다.

우리는 좁은 공동체 속에서 상처를 주기도 받기도 하고, 용서를 하기도 받기도 하는 가운데서 성숙하게 되며, 믿음과 사랑도 자라 가는 것이지, 서로의 부딪침이 싫어서 뒤로 물러서면 서로의 관계는 앞으로 나아갈 수 없습니다. '성도'라고 불리는 우리에게는 부딪침 가운데 용서하고 화해의 악수를 청하는 수고가 끊임없이 요구된다. 예수님께서 그렇게 말씀하셨고, 친히 또 그런 삶을 사셨다. 예수님께서는 십자가 위에서까지 "아버지여 저희를 사하여 주옵소서 자기의 하는 것을 알지 못함이니이다"(누가복음 23장 34절)라고 저들의 잘못을 용서하셨다.

성경에서 말하는 '성도(聖徒)'에는 특별한 의미가 있다. 그것은 '거룩한 백성'이라는 말이다. 그리고 이 '거룩함'이란 뜻의 근본적인 의미는 '다르다'는 뜻이다. '구별되었다'는 뜻이다. 그리스도인은 일반 세상 사람과 다른 사람이다. 구별된 사람이다. 잘나고 특출나서가 아니라 예수 그리스도로 부름 받은 존재라는 뜻이다. 예수 그리스도를 믿어 구원 얻은 사람을 성경은 '성도'라고 부르고 있다. 사실 구원을 받았으나 늘 죄 가운데서 살아가는 부족한 우리에게 '성도'라는 말을 사용할 수 있는가 생각하면 두렵기도 하지만, 초대교회로부터 교회는 믿는 자를 성도라고 불렀고 이 말은 특별한 거부감 없이 지금까지 교회에서 사용해 왔다.

신약성경에서 일반적으로 성도(ἅγιος, hagios, 하기오스, 거룩한 자)는 모든 성도를 가리키고 있다. 크리스챤 형제와 동의어이다. "골로새에 있는 성도들 곧 그리스도 안에서 신실한 형제들에게 편지하노니 우리 아버지 하나님으로부터 은혜와 평강이 너희에게 있을지어다"(골로새서 1장 2절) "고린도에 있는 하나님의 교회 곧 그리스도 예수 안에서 거룩하여지고 성도라 부르심을 받은 자들과"(고린도전서 1장 2절) 그런데 우리는 이렇게 〈성도〉라고 불릴 자격이 정말로 없다. 육신을 가지고 있으면서 세상에서 할 짓, 못할 짓 하면서 죄를 범하는 부끄러운 존재가 우리이다. 다음은 우스운 이야기지만 성도를 이렇게 분류해 놓았다. 의미심장하다.

어떤 분이 교회 나오는 성도의 종류에 대해서 말했습니다.
첫째는 원하는 감투를 안주면 교회에 나오지 않는 감투 교인,
둘째는 심방을 가서 끌어내야만 교회에 나오는 인력거 교인,

셋째는 교회는 오래 다니면서 기도 한마디 못하는 벙어리 교인,

넷째는 일이 잘됐느니 안 됐느니 채점만 하고 문제만 일으키는 가시 교인,

다섯째는 사업상의 목적으로 교회에 다니는 광고 교인,

여섯째는 설교만 시작하면 졸기부터 하는 묵상 교인,

일곱째는 가족을 대표해서 혼자 교회에 나오는 국회의원 교인,

여덟째는 교회의 모든 일이 자기 생각대로 되지 않으면 몸살이 나는 사공 교인,

아홉째는 부모님의 장례식을 위해서 교회에 나오는 장례식 교인,

열째는 여가선용 정도로 신앙생활을 하는 엔조이(enjoy) 교인,

열한째는 죽도록 일만하고 말 없는 종살이 교인입니다.

그럴듯합니다. 참 부끄럽기도 합니다. 이처럼 부족한 우리에게 '성도'라는 명칭이 붙여졌습니다. 이것은 비록 우리가 교회의 일원으로써 인간적인 과오나 결점을 가지고 있더라도 성도 각자가 자신의 신분을 인식하여 성령의 도우심을 받아 타락한 세대를 본받지 않고, 날마다 계속 회개와 순종으로 구별된 생활을 하여서 그리스도의 장성한 분량에 이르기까지 거룩한 변화를 입도록 힘쓰라는 의미가 있는 것이다.

2. 성도의 교제

성도의 삶에는 진실한 교제가 있어야 한다. 사귐이 있어야 한다. '교제'라는 말은 헬라어로 코이노니아(κοινωνία)라고 하며, 영어로는 펠로쉽(fellowship)이라고 한다. 필리핀에서는 교회를 'fellowship'이라

고도 한다. '교제'라는 말은 참여한다. 나눈다. 공유한다. 동업자가 된다는 의미이다. 때로는 결혼을 의미하기도 했다. 성경적 의미의 '코이노니아'는 일반적인 의미보다 차원이 높다. 이 말은 공동(共同), 관여(關與), 재정상의 은혜(恩惠), 참여함, 동정(同情), 기부(寄附) 등이다. 세상 공동체는 비록 민족, 동창, 부부, 친구 관계라고 해도 그 근본에 있어서는 한시적이고 남남으로 남을 수밖에 없다. 또한 세상 공동체는 언제든지 이해관계에 따라 갈등, 적대감, 분열을 만들어낼 수 있다. 그러나 신앙 안에서 '성도의 교제'는 그 뿌리가 깊고 신비스럽다.

코이노니아(κοινωνία)를 라틴어로 옮기면 '콤뮤니오(communio)'라고 하는데, 여기서 영어의 'communion'이 나왔다. 성찬식을 일컬어 'Holy Communion'이라고 한다. 이것을 우리나라 말로 옮기면, '거룩한 교제'가 된다. 바울은 에베소서 4장에서 "몸이 하나요 성령도 한 분이시니 이처럼 너희가 부르심의 한 소망 안에서 부르심을 받았느니라 주도 한 분이시요 믿음도 하나요 세례도 하나요 하나님도 한 분이시니 곧 만유의 아버지시라 만유 위에 계시고 만유를 통일하시고 만유 가운데 계시도다."(에베소서 4장 4절~6절)라고 했다. 성도 간의 관계는 '하나님의 부르심'으로 시작된 관계라는 말이다.

성도 간의 교제는 '그리스도의 피와 성령의 매는 끈'으로 맺어져 있는 관계다. '한 몸의 지체'로서 연합되어 있는 관계이다. '같은 세례'를 받은 관계이며, '같은 믿음', '같은 가치관' '같은 소망'을 가진 동지적 관계인 것이다. 한 하나님을 아버지로 모시고 사는 영원한 가족 공동체의 관계가 성도의 관계다. 이처럼 성도 간의 관계는 세상을 초월한 것이며, 위에 계신 하나님께 그 뿌리를 내리고 있으므로 근본적으로 끊어질 수 없는 영원한 관계라는 것을 잊지 말아야 한다.

우리는 성경에 나타나 있는 초대교회 공동체에서 그러한 교제를 본다. 본문에 나타나 있는 초대교회 공동체의 모습을 보자. 사도들로 말미암아 기사와 표적들이 많이 나타났다. 믿는 사람이 다 함께 모든 물건을 서로 통용하고 있다. 재산과 소유를 팔아 각 사람의 필요를 따라 나누어 주었다. 성전에 모여 떡을 떼며 기쁨과 순전한 마음으로 음식을 먹었고, 하나님을 찬미했다. 구원받은 사람이 날마다 더하여졌다. 이상에 열거한 내용들이 모두 성도의 교제 가운데서 이루어진 것이다. 만약 성도의 교제가 없었다면 이러한 일들은 나타날 수 없었다. 표적, 물건의 통용, 소유의 분배, 떡을 뗌, 하나님 찬양은 외적으로 드러난 교제의 표현들이다. 예루살렘 교회는 '믿는 사람이 다 함께 있어 모든 물건을 서로 통용하고'라고 전한다. 이들은 날마다 성전이나, 또는 자기 집에서 함께 모였는데 그 모임에 별로 가고 싶지 않은데 모인 것이 아니라 그 모임 속에는 생명과 기쁨이 있기에 만나고 싶어 했고, 함께 찬양하며, 기도하고 싶어 했던 것이다.

초대교회에 '라우렌티우스의 전설' 이야기가 있다. 라우렌티우스(Laurentius)는 초대교회 집사로서 로마에서 빈민을 구호하는 일에 헌신적으로 종사했다. AD 258년 기독교 박해 때 그는 체포되었다. 그는 교회에 있는 하늘의 보화를 관리한다는 혐의를 받았다. 황제는 그 보화들을 내놓으라고 명령했다. 라우렌티우스는 돌아가서 그가 돌보아준 사람들 중에 병인들, 불구자들, 마비된 자들, 절룩거리는 사람들, 간질병 환자들, 나병 환자들을 불러 모았다. 그리고 라우렌티우스는 그들과 황제 앞에 나갔다. "황제께서 탐내는 황금은 수많은 범행의 원인입니다. 그 빛은 사람들을 속입니다. 진짜의 보화는 세계의 빛이신 예수 그리스도이십니다. 황제의 눈에는 이들이 비참한 무리로 보일지 모르겠습니다. 그러나 이들은 빛의 자녀들이고, 교회의 보화이고, 교회의 금, 진주, 보석입니다." 그러나 황제는 이 라우렌티우스를 쇠 격자에 묶어 숯불로 천천히 구워 죽였습니다. 이 라우렌티우스 집사는 순교를 당한 것입니다.

이 이야기는 오늘 우리에게 무엇을 가르쳐 주고 있는가? 이 이야기는 교회에서 성도의 교제는 어떤 방향이어야 하는가를 분명히 밝혀 주고 있다. 오늘날 우리 성도들의 공동생활이 어떤 현실적 관계를 맺어야 하는지를 가르쳐 주고 있다. 교회 안에서 연대적인 형제 관계가 무엇을 의미하는지를 분명히 가르쳐주고 있다.

초대교회는 서로를 위해 살았다. 모두를 위해 살고 모두를 위해 존재했다. 거기에는 모두를 위한즉 남자와 여자, 유대인과 이방인, 종과 자유인, 부자와 가난한 자의 자리가 있다. 이 형제적인 공동체는 자기 자신에게 관심을 집중한 공동체가 아니다. 구체적인 관계에 있는 가난한 자들, 실패한 자들, 버림받은 자들, 차별대우를 받는 자들에게 관심을 두고 있었다. 관심만이 아니라 그들과 삶을 함께하는 공동체이다. 이 공동체에서 이들은 교회의 보화들인 것이다.

3. 우리의 교제

　그리스도인들은 성도들 간에 사귐이 있는 사람들이다. 그리스도인들의 사귐은 그들이 하나님의 자녀들임을 입증하는 것이다. 초대교회 신자들은 이 집 저 집에 모여 떡을 나누면서 성도들의 사귐을 끊임없이 계속했다. 이것이 복음 전파와 교회발전에 큰 공헌을 했음은 당연하다. 지금 우리는 성도들과의 사귐을 얼마나 소중히 여기고 있는가? 혹시 성도들 간에 불화를 만들고 있지 않는가? 미워하고 시기하지는 않았는지 서로 돌아봐야 할 것이다. 사랑하는 일에 무관심하거나 귀찮아하지는 않았는지 지금 내 눈에 보이지 않는다고 외면하지는 않았는지 생각해 봐야 한다. 우리는 지금 일등이 아니면 살아남을 수 없다는 극단적 구호가 우리의 의식을 옭매는 무한 경쟁 시대에 살고 있다. 우리의 교회 공동체도 인간적인 욕망으로 얼룩져 있다. 교회는 현실적으로 온전한 성도의 교제가 이루지 못하고 있다. 우리는 그것을 너무 철저하게 깨닫게 된다. 그렇지만 이런 무미건조한 세상에서 교회에서 서로의 허물과 부족함을 사랑으로 덮어주고, 진리 안에서 살아가게 용기를 북돋워 주는 성도들이 있다는 사실은 얼마나 큰 복인지 모릅니다.

　우리는 '성도들의 사귐을 믿습니다.'라는 고백에서 새로운 희망의 삶을 내다보게 된다. 우리는 낙심하거나 서두를 필요는 없다. 하나님께서는 겁쟁이 베드로를 비롯한 사도들을 통해서 부활의 증인이 되게 하셨다. 뻔뻔스럽게 스데반을 비롯한 성도들을 순교의 자리로 내몰았던 사울을 통해서도 세계선교의 역사를 이루셨다. 하나님께서는 오늘 모순투성이인 현대 교회를 통해서도 당신의 일을 차근차근 이뤄가신

251

26일 / 성도의 교제

다. 물론 하나님께서는 우리 말고도 다른 이들이 있기는 하지만 그래도 세상 사람들이 거들떠보지 않는 우리들, 세상 사람들에게 외면당하는 우리를 통해 당신의 일을 계속하신다. 오늘날 세상에서는 성공, 성취, 권력, 돈 등, 세상에서 가치 있다고 하는 것을 추구한다. 대개의 경우 부자, 특권자들, 성공한 자들, 높은 지위에 있는 자들을 중심에 놓는다. 가난한 자들과 노인들, 약한 자들과 실패자들, 비생산적인 자들은 변두리로 밀려난다. 그러나 그리스도의 교회는 이와 정반대다. 변두리로 내몰려 있는 이들이 교회의 중심이다. 보화이다. 그가 중심에 설 수 있는 이유는 그들이 예수님의 작은 형제들이기 때문이다.

오늘날 우리는 날로 증가하는 가정 붕괴와 극단적인 개인주의로 인간 생활에 가장 필요한 사귐의 능력을 상실해 가는 시대의 한복판에 있다. 그렇지만 예수를 믿는 우리는 '성도들의 사귐을 믿습니다.'라고 고백한 사도들의 전통을 이어가는 성도로 살아가야 한다. 성도의 교제는 그리스도의 몸을 완성하는 길이다. 우리의 세포가 연결되듯이 뼈마디가 연결되었듯이 우리 모든 공동체는 긴밀하게 연결되어 있다. 그러므로 '연결'되기 위해서 우리는 '나'를 양보하고 공동체를 세우는 자리로 나아가도록 해야 한다.

결론 / 결단 및 행함의 기도

주님이 이루신 거룩한 공동체의 귀한 동역자들과 형제들을 위해 끊임없이 기도하게 하시고, 그들의 삶을 돌보며 함께 섬기는 성도의 온전한 교제가 되게 하소서. 우리의 사귐 안에 성령과 주님의 역사가 강력하게 일어나 하나 되는 성령 공동체로서 세상 가운데 하나님을 온전히 전하는 선교적 성령 공동체가 되게 하소서. 예수님의 이름으로 기도합니다. 아멘.

죄를 용서받는 것을 믿습니다. (1)

본문: 마가복음 2장 1절-12절

1. 수 일 후에 예수께서 다시 가버나움에 들어가시니 집에 계시다는 소문이 들린지라 2. 많은 사람이 모여서 문 앞까지도 들어설 자리가 없게 되었는데 예수께서 그들에게 도를 말씀하시더니 3. 사람들이 한 중풍병자를 네 사람에게 메워 가지고 예수께로 올새 4. 무리들 때문에 예수께 데려갈 수 없으므로 그 계신 곳의 지붕을 뜯어 구멍을 내고 중풍병자가 누운 상을 달아 내리니 5. 예수께서 그들의 믿음을 보시고 중풍병자에게 이르시되 작은 자야 네 죄 사함을 받았느니라 하시니 6. 어떤 서기관들이 거기 앉아서 마음에 생각하기를 7. 이 사람이 어찌 이렇게 말하는가 신성모독이로다 오직 하나님 한 분 외에는 누가 능히 죄를 사하겠느냐 8. 그들이 속으로 이렇게 생각하는 줄을 예수께서 곧 중심에 아시고 이르시되 어찌하여 이것을 마음에 생각하느냐 9. 중풍병자에게 네 죄 사함을 받았느니

라 하는 말과 일어나 네 상을 가지고 걸어가라 하는 말 중에서 어느 것이 쉽겠느냐 10. 그러나 인자가 땅에서 죄를 사하는 권세가 있는 줄을 너희로 알게 하려 하노라 하시고 중풍병자에게 말씀하시되 11. 내가 네게 이르노니 일어나 네 상을 가지고 집으로 가라 하시니 12. 그가 일어나 곧 상을 가지고 모든 사람 앞에서 나가거늘 그들이 다 놀라 하나님께 영광을 돌리며 이르되 우리가 이런 일을 도무지 보지 못하였다 하더라

서론 / 마음 열기 및 예화: 작은 죄, 큰 죄

러시아의 문호 톨스토이의 작품 중에 이런 것이 있다. 어느 목사님에게 두 여인이 찾아왔다. 한 여인은 자기는 큰 죄를 지은 죄인이라며 하염없는 눈물을 흘렸고, 또 한 여인은 자기는 일생 이렇다 할 큰 죄는 짓지 않았지만 자질구레한 잘못은 많다고 했다. 목사는 두 여인에게 이렇게 말했다. "당신은 당신이 들 수 있는 가장 큰 돌덩이를 가져오시오. 그리고 당신은…" 목사는 이번에는 평생 이렇다 할 큰 죄를 지은 기억이 없다는 여인에게 말했다. "자디잔 돌멩이를 치마폭에 가득 주워 오시오." 한참 후에 두 여인은 목사가 시키는 대로 하여, 한 여인은 커다란 바윗돌을 낑낑거리며 옮겨 왔고, 다른 여인은 새알만 한 잔돌을 치마폭 가득 주워 왔다. 그러나 목사는 이렇게 말하는 것이었

27일 / 죄를 용서받는 것을 믿습니다. (1)

다. "미안하지만, 이번에는 그 돌멩이들을 제 자리에 갖다 놓고 오시오" 큰 바윗돌을 가져온 여자는 다시 낑낑거리며 바윗돌을 제 자리에 갖다 놓았다. 어디서 가져온 것을 분명히 알고 있었기 때문이다. 그러나 새알만 한 잔돌을 치마폭에 가득히 주워온 여인은 어찌할 바를 몰라 쩔쩔매고 있었다.

"바로 그거요!" 목사가 소리쳤다. "하나님께서 지은 죄도 바로 이런 것이요, 당신은…." 목사는 평생 별로 큰 죄를 짓지 않고 자질구레한 잘못만 저질렀다는 여자에게 말했다. "하루하루 이러저러한 죄를 지으면서도 하나님께 죄책감 없이 일생을 살아왔기 때문에 많은 죄를 짓고도 회개 한번 하지 않았소, 그러나 이 여인은 큰 죄를 짓고 이렇게 통화하고 자복하고 있으니 하나님의 용서하시는 은총이 함께 하실 것이요." 목사는 그러면서 큰 죄를 지은 여자, 즉 자신의 죄를 회개하는 이를 위해 기도를 해 주게 되었다. (네이버 블로그 평강)

나눔 질문

죄는 작은 죄, 큰 죄가 있을까요? 나는 사소하게 저지르는 작은 죄에 대해서 어떻게 반응하고 있나요?

본론 / 수용하기: 인생의 근원적인 문제

1. 인생의 가장 근원적인 문제

마가복음 2장 1절-12절은 주님의 치유사건이 소개되고 있다. 한 중풍 병자가 친지들의 도움으로 주님 앞으로 나왔다. 사람들 때문에 지붕을 뜯어내고 천정으로부터 달아 내리는 극성을 부려가며 주님께 치유를 청하기 위해 나왔다. 저들의 간절한 바람은 중풍을 고치는 것이다. 그런데 주님께서는 이렇게 말씀하신다. "소자야 네 죄 사함을 받았느니라" 주님께서는 병 낫는 것보다 죄 사함을 받는 것이 더 시급하고 중요하다고 말씀하신 것이다.

인생에는 고난이 있다. 질병과 장애와 같은 육체적인 고난이 있다. 사람 사이의 관계에서 생겨난 갈등, 미움, 헤어짐과 같은 관계적인 고난이 있다. 소중한 것을 잃어버린 상실의 고난과 추구하던 것을 이루지 못한 실패의 고난도 있다. 마가복음 2장의 중풍 병자에게는 중풍이 고난이다. 이런 고난은 인생의 힘겨운 문제임이 틀림없다. 그러나 이런 문제 이전의 근원적인 문제가 있다. 바로 그것이 죄의 문제이다. 주님께서 지금 이점을 지적해 주고 계신다. 주님께서 이 중풍 병자의 죄 문제를 해결해 주신다. 죄 사함을 받았다고 선포하고 계신 것이다. 이 중풍 병자의 근원적인 문제를 주님께서 해결해 주신 것이다. 바로 여기에 기독교의 출발점이 있다. 기독교는 인간의 죄 문제에 주목한다. 그리고 그 문제 해결에 초점을 맞춘다. 여기에 기독교와 다른 종교 사이의 결정적인 차이가 있는 것이다.

2. 죄란 무엇인가?

기독교는 죄를 두 종류로 구분해서 설명한다. 하나는 원죄요 다른 하나는 자범죄이다. 즉 근원적인 죄(Sin)와 파생된 죄들(sins)로 구분해서 설명한다.

원죄: 원죄의 내용은 크게 두 가지로 정리해 볼 수 있다.

첫째, 불신앙이다. 하나님을 믿지 않는 것이다. 원죄 이야기에서 아담과 하와는 하나님의 말씀을 믿지 않았다. 창 2장 17절에서 하나님께서 선악과를 따먹으면 정녕 죽으리라 말씀하셨다. 그러나 저들은 '결코 죽지 않으리라'는(창세기 3장 4절) 사탄의 말에 속아서 하나님의 그 말씀을 믿지 못했다.

둘째, 불순종이다. 하나님의 말씀을 거역한 것이다. 원죄 이야기에서 아담과 하와는 하나님께서 말씀하신 것을 거역했다. 창 2장 17절에서 하나님께서 선악과를 따먹지 말라고 말씀하셨다. 그러나 저들이 선악과를 따먹었다.(창세기 3장 6절) 하나님의 말씀을 순종하지 못한 것이다. 바로 이것이 원죄이다. 그러니까 원죄는 바로 하나님께 지은 죄를 말한다. 하나님과의 관계에서 지은 죄를 말한다.

원죄의 결과는 어떤가? 원죄의 결과 역시 크게 두 가지로 정리해 볼 수 있다.

첫째, 하나님과의 단절이다. 우선 저들이 죄책감에 하나님을 피해 숨었다. 원죄 이야기를 보면 창 3장 8절에 저들이 하나님의 낯을 피하여 동산 나무 사이에 숨었다고 말씀한다. 하나님과 저들 사이의 관계가 끊어지게 되었다. 하나님과의 관계가 끊어진 저들은 하나님 없는 삶을 살아가야만 했다. 그 영혼 깊은 곳에 감당할 수 없는 죄책감과 하나님에 대한 두려움이 자리 잡게 되었다. 하나님과의 관계 단절 속에 점점 하나님 알지 못하게 되어 '하나님이 어디 있느냐'고 하나님의 존재마저 부정하게 되었다. 더 나아가 하나님께 반항하고 하나님께 대적하려는 몸부림들이 나타났다. 하나님 아닌 것을 하나님으로 섬기며 하나님을 섬기는 하나님의 백성들을 핍박하기까지 한다. 바로 이것이 영적인 죽음이다.

둘째, 하나님의 진노이다. 하나님께서 하나님께 죄를 저지른 저들을 진노하셨다. 그리고 그 죄에 대한 책임을 물으셨다. 우선 저들의 삶 속에 고난이 찾아오게 되었다. 원죄 이야기에는 남자는 노동의 고통이 여자는 해산의 고통이 생기게 되었다고 말씀한다. 인생에 고난이 있게 된 근원적 원인이 바로 여기에 있는 것이다. 그리고 저들에게 죽음이 찾아오게 된 것이다. 죄의 삯이 사망이기 때문이다. 영적 죽음 이후 육적 죽음이 찾아오게 된 것이다.

원죄의 결과 하나님과 단절된 삶을 살게 되었고, 하나님 없는 삶 속에 감당키 힘든 고난이 찾아들게 되었고 죄의 삯으로 죽음을 맞게 된 것이다. 그러나 그것으로 끝이 아니고 최후의 심판을 맞아 영원 형벌을 받게 된다는 것이다.

27일 / 죄를 용서받는 것을 믿습니다. (1)

결론 / 결단 및 행함의 기도

주님, 우리의 삶의 모습과 그 결과는 죄의 열매입니다. 이러한 아픔과 고통 속에서 결국 우리는 절대적으로 예수 그리스도가 필요하다는 것을 깨닫고 주님께 우리의 모든 것을 의탁하는 것 밖에 할 수 있는 것이 없습니다. 원죄로부터 시작한 죄의 삯들을 제거해 주시고, 하루 하루 주님 안에서 거룩한 성도로 온전하도록 죄와 죄책감에서 자유롭게 하여 주소서. 예수님의 이름으로 기도합니다. 아멘.

죄를 용서받는 것을 믿습니다. (1)

본문 : 로마서 5장 12절

그러므로 한 사람으로 말미암아 죄가 세상에 들어오고 죄로 말미암아 사망이 들어왔나니 이와 같이 모든 사람이 죄를 지었으므로 사망이 모든 사람에게 이르렀느니라

서론 / 마음 열기 및 예화: 거듭 되는 죄

성인 바실리우스가 하루는 영안이 열려 기이한 광경을 보게 되었다. 한 사람이 깨진 항아리에 물을 쏟아붓고 있었다. 계속해서 물을 부었으나 밑으로 다 새나가 항아리에 반도 차지 않았다. 그때 천사가 나타나 설명해 주었다. "이 사람은 가장 미련한 자라. 마음에 굳은 결심이 없어서 한 가지 착한 일을 하고는 이어서 한 가지 악한 일을 하니 먼저 번의 선한 일은 없어지고 종내 무용한 일이 계속되는 것이다" 또 한 사람을 보니 그는 산 위에서 나무를 베고 있었는데 이미 자기 힘으로는 질 수 없을 만큼 무거운 짐을 만들어 놓았습니다. 천사는 또 설명해 주었습니다. "현재 자기가 가지고 있는 많은 악을 그대로 두고 다만 후일 회개하고 고치겠다고 하는 가장 미련한 사람이다" 지혜로운 사람은 잘못을 저지르면 곧 회개하고 돌이켜서 같은 잘못을 되풀이하지 않습니다. 그러나 미련한 사람은 잘못을 회개하지 않고 계속 반복하여 저지릅니다. 개가 잘못 먹은 것을 토했다가 나중에 다시 그것을 먹듯이 미련한 사람은 잘못을 저질러 고통을 겪어도 그 고통이 지난 다음에는 다시 똑같은 잘못을 저지르는 것입니다. 그로 인해 파멸을 당할 때까지 계속 미련한 짓을 되풀이하다가 미련한 사람은 결국 죄 가운데서 파멸하고 맙니다. (네이버 블로그 펌강)

"너희가 음란과 정욕과 술 취함과 방탕과 연락과 무법한 우상숭배를 하여 이방인의 뜻을 좇아 행한 것이 지나간 때가 족하도다" (벧드로전서 4장 3절)

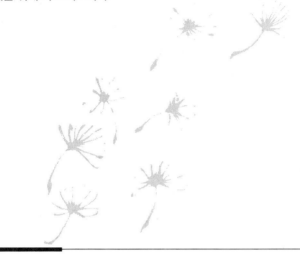

나눔 질문

자신의 가장 약한 죄, 계속 반복되는 죄는 무엇인지 나눌 수 있다면 함께 나누고 그것을 위해 서로 기도하자.

본론 / 수용하기: 죄 사함의 은총

1. 죄의 종류

원죄 사건이 있고 나서 인간은 본래의 모습을 잃어버리게 되었다. 더 이상 인간은 하나님의 형상대로 지음 받아 보시기에 심히 좋은 상태가 아니었다. 이것을 신학적으로 '인간의 타락'이라고 말한다.

1) 원죄의 영향

로마서 5장 12절에 보면 "이러므로 한 사람으로 말미암아 죄가 세상에 들어오고 죄로 말미암아 사망이 왔나니 이와 같이 모든 사람이 죄를 지었으므로 사망이 모든 사람에게 이르렀느니라"라고 했다. 원죄는 이

28일 / 죄를 용서받는 것을 믿습니다. (1)

제 더 이상 아담만의 문제가 아니고 아담의 후손들은 원죄가 해결되지 않은 상태에서 이 땅에 태어남으로 원죄의 지배 하에 태어나 모두가 하나님 앞에 죄인인 상태로 태어난 것이다. 고린도전서 1장 21절에 "하나님의 지혜에 있어서는 이 세상이 자기 지혜로 하나님을 알지 못하는 고로" 이 땅의 인간들이 창조주 하나님을 알지 못한다는 것이다. 하나님과의 단절된 상태에 있다는 것을 말한다. 그뿐 아니라 모든 인간들은 아담처럼 고난의 삶을 살다가 결국 죽게 되어있는 것이다.

2) 죄가 넘쳐나게 됨

하나님 없이 사는 인간들은 하나님의 뜻을 떠나 자기 뜻대로 살기 때문에 갖가지 죄들을 확대 재생산하며 살게 된다. 우선 대인관계에서의 죄이다. 서로 자기중심적인 삶을 살다 보니 아담과 하와의 관계에서 보듯이 미워하고 원망하며 사랑하지 못하게 된다. 그뿐 아니라 가인과 아벨의 관계에서 보듯이 심지어 살인까지 하게 된다. 이 땅에 미움과 다툼과 살인의 대인관계의 죄가 홍수를 이루고 있다.

다음으로 창조 세계와의 관계에서 죄이다. 하나님을 알지 못하는 인간이 이 땅에 세워 가는 문화는 저 바벨탑 사건에서 보듯이 하나님께 대적하는 문화들 뿐이다. '하나님 없다'하는 저 세속주의 문화와 하나님 아닌 다른 것을 하나님으로 섬기는 저 우상 문화가 그것이다. 그뿐 아니라 이기적인 인간이 하나님의 뜻을 저버리며 이 땅에 세워 가는 삶이란 온통 자연을 착취하고 환경을 파괴하고 하나님의 창조 질서를 망가뜨리는 모습으로 나타난다.

2. 죄는 어떻게 사함 받는가?

1) 전적인 하나님의 은혜로

에베소서 1장 3절-7절을 보면 하나님의 사죄의 은총을 말씀한다. "3. 찬송하리로다 하나님 곧 우리 주 예수 그리스도의 아버지께서 그리스도 안에서 하늘에 속한 모든 신령한 복을 우리에게 주시되 4. 곧 창세 전에 그리스도 안에서 우리를 택하사 우리로 사랑 안에서 그 앞에 거룩하고 흠이 없게 하시려고 5. 그 기쁘신 뜻대로 우리를 예정하사 예수 그리스도로 말미암아 자기의 아들들이 되게 하셨으니 6. 이는 그가 사랑하시는 자 안에서 우리에게 거저 주시는 바 그의 은혜의 영광을 찬송하게 하려는 것이라 7. 우리는 그리스도 안에서 그의 은혜의 풍성함을 따라 그의 피로 말미암아 속량 곧 죄 사함을 받았느니라"

우선 하나님께서 우리를 택하셨다는 것이다. 모든 사람들이 다 죄인이지만 그중에 우리를 하나님께서 죄 사해 주시기 위해 택해 주셨다는 것이다. 우리 안에 아무런 자격도 없지만 전적으로 하나님께서 은혜로 우리를 택해 주셨다는 것이다. 다음으로 하나님께서 값없이 우리를 용서해 주셨다는 것이다. 우리에게 어떤 조건을 붙이시거나 우리에게 어떤 대가를 요구하신 것이 아니고 오직 은혜로 우리를 죄사함 받게 해 주셨다는 것이다.

2) 예수 그리스도의 대속함으로

히브리서 9장 11절-12절을 보면 예수 그리스도의 속죄 사건을 말씀한다. "11. 그리스도께서는 장래 좋은 일의 대제사장으로 오사 손으로 짓지 아니한 것 곧 이 창조에 속하지 아니한 더 크고 온전한 장막으로 말미암아 12. 염소와 송아지의 피로 하지 아니하고 오직 자기의 피로 영원한 속죄를 이루사 단번에 성소에 들어가셨느니라"

하나님께서 하나님의 택하신 백성에게 구체적으로 죄 사함을 받는 길을 열어놓으셨다. 그것은 대속의 길이다. 죄의 삯은 사망이기 때문에 히브리서 11장 12절의 말씀처럼 피 흘림이 없는 사함이 없다. 그래서 자기 목숨을 대신해서 제물의 '피를 흘리게 함으로 죄 사함'을 받게 해 주셨다. 예수 그리스도는 자기 피로 영원한 속죄를 이루셨다고 말씀하셨다. 그러니까 예수 그리스도는 우리의 원죄를 대속하기 위해 죽으셨고, 뿐만 아니라 우리가 저지른 모든 죄를 대속하기 위해서 죽으셨다는 것이다.

3) 성령의 도우심으로

로마서 8장 2절을 보면 "이는 그리스도 예수 안에 있는 생명의 성령의 법이 죄와 사망의 법에서 너를 해방하였음이라" 성령께서 구체적으로 우리를 죄 가운데서 해방시켜 주신다는 것이다. 우선 성령은 우리의 죄를 깨닫게 해주신다. 사도행전 2장 37절-38절 "37. 그들이 이 말을 듣고 마음에 찔려 베드로와 다른 사도들에게 물어 이르되 형제들아 우리가 어찌할꼬 하거늘 38.베드로가 이르되 너희가 회개하여 각각 예수 그리스도의 이름으로 세례를 받고 죄 사함을 받으라 그리하면 성령의 선물을 받으리니" 성령께서 감동하셔서 우리가 죄 때문에 마음에 찔림을 받게 된다. 그리고 그 죄가 무엇인지 구체적으로 알게 해주신다. 그뿐 아니라 그 죄를 고백케 하신다. 다음으로 성령은

사도신경 30일 묵상 CREDO

우리로 하여 예수 그리스도를 믿게 해주신다. 예수 그리스도의 십자가의 대속을 믿게 해주심으로 십자가에서 흘리신 예수 그리스도의 보혈의 피의 능력 특히 사죄의 능력이 우리에게 임하게 해 주신다. 그리고 진심으로 회개하게 해주신다. 우리가 전적으로 죄를 씻어 내고 새 사람이 되게 해주신다.

3. 죄 사함 받은 삶은 무엇인가?

죄 사함은 죄책감에서 벗어나는 심리적 평안을 말하지 않는다. 구체적인 삶의 변화를 말한다. 그러면 죄 사함을 받은 삶은 무엇인가? 첫째, 죄 사함을 감사하고 기뻐하며 사는 삶을 말한다. 둘째, 죄와 단절된 삶을 사는 것을 말한다. 더 이상 죄의 종노릇 하지 않고 죄에서 벗어난 삶을 사는 것을 말한다. 셋째, 성령께서 내주하시는 삶을 사는 것을 말한다. 넷째, 주를 위해 헌신하는 삶을 사는 것을 말한다.

사죄의 은총, 그 은혜가 얼마나 크고 놀라운가? 에베소서의 말씀처럼 이제 우리는 하나님의 그 찬송 자체가 되어야 하는 것이다. 죄의 무게가 우주보다 큰 것처럼, 그 사죄의 은혜 또한 우주만큼 기쁜 것이다. 이러한 감사함으로 살아가는 고백이어야 한다. '죄를 용서받는 것을 믿는 것'은 앞에서 성령을 고백한 자리로부터 시작하여 성령의 역사로 말미암아 실현되는 것이다. 지금 성령의 은총과 은혜가 강력한 사람은 이 고백을 하는 것 속에 죄 사함의 기쁨과 은혜로 평강으로 넘칠 것이다. 그래서 사도신경의 전 고백은 우리에게 실제로 성령 안에서 역사하는 것이다.

28일 / 죄를 용서받는 것을 믿습니다. (1)

[결론 / 결단 및 행함의 기도]

죄 사함의 믿음의 고백으로 말미암아 하나님과 화평을 누리고 하나님의 백성으로 사는 삶의 기쁨이 있게 하시니 감사합니다. 죽을 수밖에 없는 우리 인생을 우주보다 더 강력하고 무거운 큰 은혜로 우리 속에서 역사하시어 날마다 기쁨과 평강으로 살게 하시니 감사합니다. 예수를 믿게 하시고 구원에 이르러 사죄의 은총을 얻어 감히 고백하는 자리로 가게 하심을 감사드립니다. 날마다 더욱 온전한 하나님의 사람이 되게 하소서. 예수님의 이름으로 기도합니다. 아멘.

몸의 부활과 영생을 믿습니다.(1)

—

본문: 골로새서 3장 1절-4절

1. 그러므로 너희가 그리스도와 함께 다시 살리심을 받았으면 위의 것을 찾으라 거기는 그리스도께서 하나님 우편에 앉아 계시느니라 2. 위의 것을 생각하고 땅의 것을 생각하지 말라 3. 이는 너희가 죽었고 너희 생명이 그리스도와 함께 하나님 안에 감추어졌음이라 4. 우리 생명이신 그리스도께서 나타나실 그 때에 너희도 그와 함께 영광 중에 나타나리라

서론 / 마음 열기 및 예화: 부활 신앙의 부활

미국 대통령을 지낸 부시가 부통령 시절에 소련 부레즈네프 수상의 장례식에 미국 대표로 참석했다. 장례식은 공산당의 관례대로 진행되었다. 모든 것은 죽음을 상징하는 검정이나 붉은색으로 덮여 있었다. 장례식의 말미에는 고인을 위한 마지막 경의를 표하는 순서가 있었고 이때 고인의 부인이 앞으로 나왔다. 그녀는 품에 간직했던 백합 한 송이를 꺼내어 관 위에 놓았다. 백합은 전통적으로 러시아 정교회에서 예수님의 부활을 상징하는 꽃이었다. 그리고 미망인은 남편의 시신 앞에 무릎을 꿇었다. 그 순간 식장은 정적에 휩싸였다. 여인은 기도하고 있었다. 잠시 후 일어선 그녀는 성호를 그었다. 이 순간, 여기저기서 미망인을 따라 성호를 긋는 사람들이 있었다. 그것은 충격이었다. 이 광경을 지켜보았던 조지 부시는 이렇게 말했다. "나는 이 얼어붙은 소련 땅에 기독교 신앙은 완전히 죽어 버린 줄 알았다. 그런데 이 순간 부활 신앙이 부활하고 있는 것을 목격했다." (한국 컴퓨터 선교회)

나눔 질문

부활을 믿으십니까? 그러면 부활에 대해서 일상의 삶 속에서 경험하고 확인한 삶의 내용을 나눠봅시다.

오늘로써 사도신경의 마지막 진술에 도달했다. 사도신경의 마지막 진술인 '몸이 다시 사는 것과 영원히 사는' 문제는 우리 인간에 관한 문제이다. 그러나 이것은 예수 그리스도와 관련되지 않고는 이러한 고백이 불가능하다. 어디까지나 예수 그리스도 안에서만 이러한 희망적인 믿음의 고백이 가능하다. 이것은 단지 고백으로만 끝나는 것이 아니다. 그리스도 안에서 열린 새로운 섭리에 대한 약속이기 때문에 그 실재가 반드시 있다는 것을 믿음으로 고백하는 것이다. 이것이 왜 '믿음으로만 가능하느냐' 하는 것은 믿음, 즉 실재와 실존의 현실은 시간적 제약을 받기 때문에 우리는 시간을 조절할 만한 능력이 없으므로 그 시간을 초월하고 시간을 넘어선 어떤 능력과 힘이 시간을 파고들어 와서 우리의 유한한 존재에게 계시하거나 알려주지 않으면 불가능하므로 믿음으로만 가능한 것이다.

우리가 그리스도 안에 있을 때와 그리스도 밖에 있을 때 우리의 삶의 가치는 너무나 다르다. '나'라는 한 인간의 존재는 변함이 없다. 그러나 그리스도 안에 있을 때와 밖에 있을 때 '나'라는 한 인간의 가치는 큰 차이를 갖게 된다.

사도신경의 이 마지막 진술은 우리가 그리스도 안에 있게 될 때 생을 보는 관점이다. 우리가 그리스도 안에서 이생의 전망은 죽어 무덤에 들어가서 썩어 없어지는 것이 아니다. 그리스도 안에서 이생의 미래는 하나님과 함께 영원한 친교 가운데 있는 희망의 미래이다. 그래서 사도 신경을 고백하는 사람에게는 언제나 미래가 알려져 있다. 이 세상에서 자신의 생을 살아갈 때 무덤만 보고 살아가는 사람과 무덤 저편 영원한 생을 바라보며 살아가는 사람과는 너무나 큰 차이가 있다.

아프리카에 어느 부족을 거느리고 있는 추장이 병으로 자신의 운명이 점점 다해 감을 알고, 어느 날 세 아들을 불렀다. 추장은 세 아들에게 과제를 주었다. "얘들아, 우리가 사는 이곳에서 멀리 바라다보이는 저 산이 있지 않느냐, 너희들은 그 산에 올라가 너희들에게 가장 소중히 생각되는 것 한 가지씩 갖고 오너라"고 했다. 세 아들은 아버지의 명을 받아 각기 아침 일찍 집을 떠나 산에 올랐다. 저녁 해가 거의 다 져가는 때 세 아들은 아버지께로 돌아왔다. 아버지는 첫째 아들에게 물었다. "너는 무엇을 가지고 왔느냐?" "네, 아버지 저는 산에서 아주 신기한 돌을 발견하고 그것을 가져 왔습니다." 아들은 돌을 아버지 앞에 내놓았다. "그래, 그것 참 신기하구나." 아버지는 말했다. 둘째 아들에게 "너는 무엇을 발견했느냐?" "네, 저는 이 평지에서는 볼 수 없는 신기한 식물을 발견하고, 그것을 가져왔습니다." 아버지는 둘째 아들이 가져온 식물을 받았다. 마지막으로 셋째 아들에게 "너는 무엇을 발견했느냐?"고 물었다. 셋째 아들은 매우 송구스러운 태도로 아버지께 이렇게 말했다. "아버지 저는 산에서 형들과 다르게 아무것도 찾지 못했습니다. 그러나 저는 한가지 보고 온 것이 있습니다." 아버지는 아들에게 그것이 무엇이냐고 물었다. "아버지 저는 저 멀리 보이는 산꼭대기에 올라가서 비로소 산 너머를 볼 수 있었습니다. 그 산 너머에는 우리가 살고 있는 이곳에 비할 수 없는 광활하고 비옥한 초원이 펼쳐져 있는 것을 보았습니다. 아버지 우리가 살고 있는 곳은 너무 좁습니다. 우리 부족이 그곳으로 옮겨 살지 않는 한 우리에게는 희망이 없습니다."라고 했다.

그때 아버지는 셋째 아들의 손을 꽉 붙잡고, 이렇게 말했다. "그렇다. 네가 바르게 보았다. 나는 너에게 우리 부족을 맡기겠다."고 했다. 인간은 누구나 이 세상에 유한한 존재로 태어난다. 그러나 그 유한성은 타고난 운명이지만 가변성을 가지고 있다. 유한성 그 자체로 끝날 수도 있고, 그것을 훨씬 넘어서 영원한 지평으로 이어질 수도 있다. 영원한 지평으로 이어지는 길은 그리스도 안에서 가능하다. 그리스도 안에 있게 될 때 그 유한의 장벽을 넘어 영원한 삶을 약속으로 받게 된다. 인류의 정신사에 인간의 죽음이라는 유한성을 넘는데 대한 두 가지 견해가 있다. 그 하나는 고대 사회로부터 내려오는 '영혼 불멸'이다. 다른 하나는 성서에 근거한 죽은 자의 부활이다.

전자는 인간에게는 불멸의 요소인 영혼이 있다고 믿는 것이다. 이 영혼은 인간이 태어나기 전에 이미 있었고, 인간이 태어나면서 인간의 몸에 갇혀 있다가 인간이 죽으면 감옥과 같은 몸에서 분리되어 자유롭게 된다고 믿는 것이다. 이러한 믿음에서는 전생, 이승, 내생으로 인간의 생을 나눈다. 이러한 견해에서는 인간의 육체는 감옥과 같은 것이다. 다른 한편 후자인 죽은 자의 부활은 영혼 불멸이 아니다. 필자도 어린 시절 영혼 불멸에 대한 이야기를 많이 들어 왔다. 인간의

29일 / 몸의 부활과 영생을 믿습니다.(1)

육체는 결국 흙으로 다 돌아가며, 오직 영혼만이 영구하다는 것이다.

그러므로 영혼을 구원받도록 힘써야 한다는 것이다. 영혼이 구원받기 위해서는 생전에 좋은 일을 많이 해야 한다는 것이다. 사도신경의 마지막 진술에서는 영혼 불멸을 말하지 않는다. 죽은 자의 부활을 말하고 있다. 성서적 관점에서 죽음은 하나님과의 관계 단절이요, 생명은 하나님과 화해 가운데 있는 것이다. 죽은 자의 부활은 우리의 삶이 죽음으로 폐기되지 않고, 하나님에 의해 새로운 삶으로 창조된다는 믿음의 확신이다. 사도신경에서 우리의 육체가 살 것을 믿는다고 말하지 않고 몸이 다시 살 것을 믿는다고 한 것에는 우리가 이해하고 있는 통속적인 삶에 대한 이해를 바꾸어 놓는다.

성서적 관점에서 우리의 영은 하나님께서 우리에게 주신 선물이다. 그것은 불멸한 것이 아니다. 그러나 이 영혼은 생명의 근원이신 하나님에 의해 보존된다. 그리고 영은 각기 자신의 몸을 갖게 된다. 우리의 몸은 영혼을 가두는 감옥이 아니라 영의 형체이다. 영은 구체적인 관계를 형성한다. 그 관계는 자기 자신, 이웃, 자연, 그리고 하나님과 관계이다. 이러한 관계 가운데서 하나의 인격을 형성해 간다. 이렇게 몸으로 형성되어 가는 삶이 죽음을 끝으로 모두 폐기 처분되는 것이 아니다. 비록 육체 (살과 뼈)는 빠져 버리지만 그리스도 안에서 그와는 다른 차원의 몸으로 바뀌어 영원한 교제의 삶으로 들어가게 된다. 그 영원한 교제의 삶에는 눈물, 한숨, 질병, 고통, 죽음이 없습니다. 오직 사랑 안에서 누리는 영원한 삶이다.

결론 / 결단 및 행함의 기도

　주님, 하나님의 은혜가 아니면 부활의 믿음이 있을 수 없습니다. 거룩한 하나님의 섭리가 얼마나 오묘한지 인생의 생각으로는 다다를 수가 없습니다. 하나님의 인생에 대한 구원의 역사는 위대한 부활, 즉 다시 사는 것으로 회복시키시고 생명의 유한성에서 무한성으로 바꿔 놓으셨습니다. 부활이라는 위대한 인생의 반전 드라마를 확보한 믿음의 인생은 오늘도 하나님 아버지를 찬송할 뿐입니다. 우리를 부활로 이끄신 예수님의 이름으로 기도합니다. 아멘.

몸의 부활과 영생을 믿습니다. (2)

—

본문: 고린도후서 5장 1절-10절

1. 만일 땅에 있는 우리의 장막 집이 무너지면 하나님께서 지으신 집 곧 손으로 지은 것이 아니요 하늘에 있는 영원한 집이 우리에게 있는 줄 아느니라 2. 참으로 우리가 여기 있어 탄식하며 하늘로부터 오는 우리 처소로 덧입기를 간절히 사모하노라 3. 이렇게 입음은 우리가 벗은 자들로 발견되지 않으려 함이라 4. 참으로 이 장막에 있는 우리가 짐진 것 같이 탄식하는 것은 벗고자 함이 아니요 오히려 덧입고자 함이니 죽을 것이 생명에 삼킨 바 되게 하려 함이라 5. 곧 이것을 우리에게 이루게 하시고 보증으로 성령을 우리에게 주신 이는 하나님이시니라 6. 그러므로 우리가 항상 담대하여 몸으로 있을 때에는 주와 따로 있는 줄을 아노니 7. 이는 우리가 믿음으로 행하고 보는 것으로 행하지 아니함이로라 8. 우리가 담대하여 원하는 바는 차

라리 몸을 떠나 주와 함께 있는 그것이라 9. 그런즉 우리는 몸으로 있든지 떠나든지 주를 기쁘시게 하는 자가 되기를 힘쓰노라 10. 이는 우리가 다 반드시 그리스도의 심판대 앞에 나타나게 되어 각각 선악간에 그 몸으로 행한 것을 따라 받으려 함이라.

서론 / 마음 열기 및 예화: 죽이시죠 뭐!

1973년에 당시 우간다라고 하는 나라에 여러분도 잘 아시는 '이디 아민'이라고 하는 대통령이 있었다. 이 독재자로 인해 온 국민이 꽤 오랫동안 고생을 했다. 그 가운데 이 나라에서 가장 큰 교회를 담임하고 계시던 '키파 샘판디'라고 하는 목사님이 있었는데, 당시는 아민 대통령을 반대하는 무리면 무조건 죽여 버리던 때였다. 그러던 어느 날, 암살단이 부활절 아침에 교회에 쳐들어왔다. 목사님을 죽이려고 온 것이다. 목사님에게 총을 들이댔다. 그러니까 목사님이 싱글싱글 웃으시면서 "그러시죠. 뭐. 하지만 내가 이제 잠깐 기도하겠습니다. 그 사람 다음에 죽이세요." 마지막이니 그러라고 했다.

목사님은 조용히 기도했다. 그런데 아무 다른 기도가 없고, 예수님께서 하시던 기도 그대로 했다. "여기 이 사람들은 자기가 무엇을 하고 있는지를 모르고 있습니다. 불쌍히 여기시고 이 죄를 용서해 주시기를 바랍니다." 이렇게 간절히 기도하고 "아멘"했더니 암살하려던 사람들이 "기도해줘서 고맙습니다"하고는 그냥 가더란다. 그분 이야기는 이렇다. 지금 금방 죽는다고 하지만 아무 두려움도 없다. 왜? 부활절 아침이니까. 지금 예수님의 부활에 대해서 증거하고 부활 신앙으로 충만해 가지고 있는 시간이라 죽음에 대한 문제가 조금도 거리끼지 않는다는 것이다. (곽선희 목사)

나눔 질문

죽음의 두려움 앞에서도 의연할 수 있는 부활 신앙이란 무엇인지 서로 나눠 봅시다.

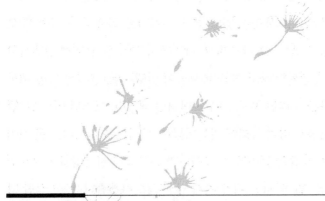

본론 / 수용하기: 부활한 몸의 수준

사도신경에서 고백하는 부활의 삶은 그 누군가 지어낸 것이 아니다. 그리스도께서 부활하신 후 그의 제자들이 부활하신 예수에게서 듣고, 보고, 경험한 것이다. 예수께서 십자가에서 죽으신 후 그를 따르던 제자들은 그것으로 예수의 삶도 끝났다고 생각했다. 그리고 나서 예수께서 사흘 만에 무덤의 권세를 깨트리고 부활하신 후 제자들은 예수의 삶이 죽음으로 인해 손상되거나 폐기되지 않은, 시간과 공간을 초월한 영원한 차원 가운데 있는 그의 부활의 몸, 그의 부활의 삶을 목격했다. 부활하신 후의 예수의 모습은 형체가 없는 여기저기 떠다니는 유령과 같은 실체가 아니었다. 그는 분명히 몸을 가진 한 분의 인격이었다. 그러나 그의 몸은 다른 몸이었다. 비록 그의 옆구리에 창 자국이 있고, 손, 발에 못 자국이 있었지만, 그것이 그의 몸에 조금도 장애가 되지 않았다. 성경에서 증언하고 있는 부활의 몸은 하나님 앞에 서게 되는 몸이다. 그때의 몸은 그리스도 안에서 하나님과 온전히 화해되고, 용서되고, 치유되고 보상된 몸입니다.

제가 어린 시절에 들은 이야기들 가운데 기억하고 있는 것은, "기독교인은 교통사고, 수술, 화장하면 안 된다."라는 것이다. 그 이유로는 부활 시에 육체가 다시 살아나기 때문에 손상 입은 육체는 그때에도 손상된 것으로 나타난다는 이유다. 이러한 상상의 이야기들이 전적으로 허무맹랑한 부활에 대한 오해이다. 그러나 사도신경의 몸의 부활은 그러한 의미가 아니다. 이 세상에서 평생을 장애인으로 살던 사람이 부활 후에 그가 이 세상에서 사는 동안 장애인이었기 때문에 당한 고통, 결핍, 아픔이 부활의 몸으로 다시 살아날 때, 실현되지 못한 아픔, 결핍은 치유 받고, 보상받기 때문에, 이 세상에 있을 때와는 다른 온전한 몸을 가진 인격으로 하나님 앞에 선다. 그에게는 한, 증오, 적대감, 슬픔, 후회, 두려움과 같은 것이 없다. 그는 오직 사랑 가운데 있게 된다. 그에게는 충만, 기쁨, 희망이 있을 뿐이다.

30일 / 몸의 부활과 영생을 믿습니다. (2)

사도신경의 마지막 진술은 바로 이러한 믿음의 확신 가운데서 바라보는 희망의 미래에 대한 고백이다. 그러한 미래는 하나님께서 그리스도를 통해 우리에게 주신 약속이다. 우리는 그 약속을 선취(완전하지 않지만 먼저 누리고 있음)해서 살아가고 있다.

우리가 그리스도 안에 있게 될 때 우리의 생의 과거, 현재, 미래가 어떻게 달라지는가에 대해 사도 바울은 이렇게 말한다. "이는 너희가 죽었고 너희 생명이 그리스도와 함께 하나님 안에 감추어졌음이라"(골로새서 3장 3절) "너희가 그리스도와 함께 다시 살리심을 받았으면 위의 것을 찾으라 거기는 그리스도께서 하나님 우편에 앉아 계시느니라. 위의 것을 생각하고 땅의 것을 생각하지 말라." (골로새서 3장 1절-2절) "우리 생명이신 그리스도께서 나타나실 그때 너희도 그와 함께 영광 중에 나타나리라." (골로새서 3장 4절)

우리의 생은 이 현실의 생으로 마지막이 아니다. 우리의 생은 죽음을 끝으로 모두 폐기되는 것이 아니다. 우리는 영원하신 하나님 앞에 또 다른 몸을 가진 인격으로 서게 된다. 우리가 하나님 앞에 서게 될 때 우리의 일생이 그분 앞에 그대로 다 드러나게 된다. 우리의 지나온 생은 실패, 결핍, 수치감, 상처 등 실현되지 못한 생 그 자체이다. 그러나 우리가 하나님 앞에 설 때 하나님의 은혜 가운데서 이미 용서되고, 치유되고, 보상된 생으로 서게 된다. 우리는 그러한 사실을 예수 부활의 몸에서 보게 된다. 부활하신 후의 예수의 몸에 그대로 남아 있는 창자국, 못 자국은 바로 그러한 사실을 의미한다.

사도신경 30일 묵상 CREDO

예수의 몸의 상처는 우리가 살아온 지난날의 어두운 현실이다. 그것이 하나도 없어지지 않고 그대로 드러난다. 그러나 그것이 우리에게 수치감, 좌절, 후회를 더해 주는 것이 아니라 이미 말씀드린 대로 모두 용납되고, 치유된 삶에서 그러한 지나온 삶을 보게 되기 때문에 아무런 문제가 되지 않는다. 오히려 거기서는 찬송, 감사, 환희, 기쁨, 사랑만이 남아 있다.

계시록에서는 실패한 인간들이 그리스도 안에서 맞이하는 "영원한 삶에는 눈물, 사망, 애통, 곡하는 것, 아픈 것이 다시 있지 않다"라고 했다. (요한계시록 21장 4절) 그것은 우리의 도덕적인 의, 공적, 자기실현으로 이루어지는 것이 아니다. 그것은 오직 하나님의 은혜로 이루어진다.

영원히 산다는 것은 우리가 그리스도 안에서 하나님과 영원한 교제 가운데 산다는 것을 말한다. 그 교제는 오직 사랑 그 자체이다. 몸이 없는 영이 있을 수 없고, 영이 없는 몸도 불가능하다. 몸은 영의 형체요, 영은 구체적인 몸을 형성해 간다. 그러나 부활 후의 몸은 부활 전의 몸과는 다르다. 하나님과 영원한 교제 가운데 있는 몸, 썩지 아니할 것으로 되어있는 몸이다.

우리는 "몸이 다시 사는 것과 영원히 사는 것을 믿는다." 죽음이 그리스도 안에서 이루어진 새로운 피조물의 삶을 폐기하지 못한다. 하나님의 사랑 안에 있는 삶을 그 어떤 피조물도 와해시킬 수 없다. 영원 가운데 있는 우리의 삶은 시집도, 장가도 가지 않는다. 그러나 우리에게 부족함이 없다.

'죽음을 바라보며'라는 기도문을 소개하는 것으로 사도신경의 대단원의 막을 내린다. 또한 독자들의 수고에 감사한다.

[죽음을 바라보며 -조 만나스, Joe Mannath, 카톨릭 신부, 시인]

제게 손을 놓는 법을 가르쳐 주십시오.
이승의 삶을
부여잡으려는
저의 환상과
두려움과 집착과 열망을
당신은 너무나 잘 알고 계십니다.

저는 믿습니다.
당신께서 보시기에 가장 좋을 때
당신께서 저를 부르실 것이라는 것을.
저는 믿습니다.

당신 사랑이 제가 미처 끌어안을 수 없는 기쁨을
제게 마련하시리라는 것을.

저는 알고 있습니다.

당신께서 저의 모든 잘못들을 용서하시리라는 것을.

그런데, 그런데, 아직도

부서진 장난감을 손에서 놓지 못하는 아이처럼

저는 손을 놓기를 주저하고 있습니다.

알지 못하고 낯선 까닭에 무섭습니다.

당신이 제게 빛을 약속하신 그곳에서

저는 단지 어두움만을 바라봅니다.

참 삶이 시작되는 그곳에서

저는 단지 삶의 끝장만을 바라봅니다.

당신은 저의 인간적인 집착을 이해하십니다.

저의 불안전한 감각을 이해하십니다.

저를 지으시고 자라게 하신 분은 바로 당신이시기에.

제게 느낌과 환상을 주신 분도 바로 당신이시기에.

당신은 보고 계십니다

제가 붙잡혀서, 이끌려서

제가 알지 못하는 길을 따라 걸어가야 함을.

저의 기력은 쓰러지고

저의 총명도 소용이 없습니다

저를 사랑하는 사람들도 저와 함께 갈 수 없습니다.

30일 / 몸의 부활과 영생을 믿습니다. (2)

당신만이, 오로지 당신만이
끝없는 사랑이시기에
늘 그러하셨듯이 제 곁에 함께 계실 것입니다

인생이라는 고독한 여정의 황혼에서.
당신께서 저를 붙잡으시고
저를 이끄시며,
저를 받아들이시고
저의 부서진 형체를 다시 맞추실 것입니다.

저는 아무런 비밀이 없습니다
두려움이나 부족한 답변을 감추지 않습니다
이상하게도
약함과 힘없음과 두려움이
당신 앞에서는 아무 문제가 아닙니다
아무것도 부인할 필요가 없습니다
저는 다시 태어나기를 원합니다
당신 팔 안에 잠들기를 원합니다
그리하여, 영원한 빛 안에서 깨어나기를.

저는 알지도 이해하지도 못합니다
그러나 하나님, 무한히 자비하신 나의 하나님

사도신경 30일 묵상 CREDO

저는 믿습니다

사랑이 모든 것을 할 수 있다는 것을

 눈이 볼 수 없고

귀가 듣지 못하는 것을

당신께서 죽음 너머에 저를 위해 마련해 놓으신 것을.

당신 이름 안에

저는 내어놓습니다, 생의 남은 시간을.

가장 좋은 것은 아직 오지 않았다는 것을 알고 있기에.

여기 대령하였나이다

저의 마지막 여정에 내내 함께 하여 주십시오

그리고, 저를 데려가 주십시오

영원히 당신과 함께 머무를 집으로.

결론 / 결단 및 행함의 기도

　부활이 있기에 죽음이 두렵지 않습니다. 몸의 부활을 통해 여전히 우리의 육신의 소중함을 알게 됩니다. 성전된 육체를 삶 속에서 거룩함으로 세워가면서 하나님의 은혜와 은총을 기다립니다. 사도신경 전체를 고백하면서 하나님의 구속의 섭리에 찬양하지 않을 수 없습니다. 주여, 주문이 아니라 고백하면서 그 고백을 실천하면서 일생 삼위일체 하나님을 사모하며 임마누엘로 동행하는 인생이 되게 하소서. 예수님의 이름으로 기도합니다. 끝